9 wortstark PLUS

Sprach-Lesebuch Deutsch
Differenzierende Ausgabe

Werkstattheft

Schroedel
westermann

9 wortstark PLUS

Sprach-Lesebuch Deutsch
Differenzierende Ausgabe

Werkstattheft

Herausgegeben von
August Busse, Ingrid Hintz und
Peter Kühn

Erarbeitet von
August Busse, Ingrid Hintz,
Irmgard Honnef-Becker,
Peter Kühn, Gerd Ludwig,
Eleonore Preuß und
Fritz Wiesmann

Online-Diagnose

Fördert individuell – Passt zum Schulbuch

Optimal für den Einsatz im Unterricht mit **wortstark:**
Stärken erkennen, Defizite beheben.
Online-Lernstandsdiagnose und Auswertung
auf Basis der aktuellen Bildungsstandards.
Individuell zusammengestellte Fördermaterialien.

www.schroedel.de/diagnose

westermann GRUPPE

Druck A[8] / Jahr 2018
Alle Drucke der Serie A sind im Unterricht parallel verwendbar.

Redaktion: Stefan Bicker
Herstellung: Andreas Losse
Illustrationen: Sabine Lochmann
Umschlaggestaltung und Layout: Janssen Kahlert Design & Kommunikation, Hannover (unter Verwendung eines Fotos: Mauritius)
Satz: Sandra Hammer, Winsen (Luhe)
Druck und Bindung: westermann druck GmbH, Braunschweig

ISBN 978-3-507-**48235**-7

Textquellen: S. 8: Aus: M. Frisch. Andorra. Stück in zwölf Bildern. Frankfurt a. M.: Suhrkamp 1961; **S. 15:** Aus: Wie wir es sehen. Hrsg. von G.H. Noack. Baden-Baden: Signal 1964; **S. 18:** Aus: Silvia Bartholl (Hrsg.). Texte dagegen. Weinheim/Basel: Beltz 1993; **S. 26:** H. Böll. Erzählungen. Köln: Kiepenheuer & Witsch 2006; **S. 30:** M. Kaléko. Das lyrische Stenogrammheft. © 1956 Rowohlt Verlag, Reinbek; **S. 31:** E. Kästner. Gesammelte Schriften. Bd. 1. Zürich: Atrium 1959; **S. 32:** H. Heine. Buch der Lieder. Frankfurt a. M.: Insel 1975. S. 94; **S. 39 oben:** Deutsch perfekt 3/2011. S. 33; **S. 39 unten:** Deutsch perfekt 4/2010. S. 11; **S. 42:** B. Brecht. Gesammelte Werke. Bd. 12. Frankfurt a. M.: Suhrkamp 1967. S. 93f.; **S. 46:** http://www.aeg-kaarst.de/aeg/home.nsfsid987FB47795904A00C125742A00406C22/$file/praktikumsbericht.pdf (12.7.2011, gekürzt); **S. 48:** Der Spiegel. Wissen. Leben lernen. Was Schule heute leisten muss. Nr. 2/2011. S.69-71 (gekürzt und leicht verändert); **S. 49:** http://www.realschule-kreuzau.de/rsk_praktikum_u_beruf.php (12.7.2011, gekürzt); **S. 50:** Zitate von Hans Gängler und Ulrich Trautwein nach: http://www.focus.de/schule/lernen/tid-19958/lernen-zuendstoff-hausaufgaben_aid_549143.html (12.7.2011); **S. 54, 55:** http://www.spiegel.de/schulspiegel/leben/0,1518,475848,00.html (12.7.2011, gekürzt); **S. 56:** Geolino. Extra Nr. 28/2011, S. 24f.; **S. 57:** http://www.saferinternet.at/staysafe/ (12.7.2011, leicht verändert); **S. 58:** http://www.helles-koepfchen.de/mobbing-an-schulen.html (12.7.2011, gekürzt); **S. 59:** http://www.isim.rlp.de/no_cache/einzelansicht/article/innenminister-bruch-verlieh-preise-fuer-zivilcourage-3/ (12.7.2011, gekürzt und leicht verändert).

Bildquellen: alimdi.net, Deisenhofen: decode **50.1.** |Doering, Olaf, Düsseldorf: **44.1.** |Eckhardt, Jo-Jacqueline, Berlin: **54.2.** |FIRE Foto, München: Thomas Gaulke **47.1.** |fotolia.com, New York: Lydia Albersmann **56.1.** |Haffner, Johann Dr., Heidelberg: **54.1.** |Köcher, Ulrike, Hannover: **23.1-3.** |mauritius images GmbH, Mittenwald: Titel; P. Enzinger **55.1.** |Picture-Alliance GmbH, Frankfurt/M.: Jens Schierenbeck **12.1**; Wolfgang Thieme **49.1.** |plainpicture, Hamburg: Elektrons 08 **31.1.** |Shutterstock.com, New York: Shane Gross **62.** |spickmich GmbH, Berlin: **35.1.** |Theater Erfurt, Erfurt: Lutz Edelhoff **8.2.** |ullstein bild, Berlin: dpa **26.** |vario images, Bonn: **45.1.** |Verlag Herder GmbH, Freiburg: **76.1.**

Trotz entsprechender Bemühungen ist es nicht in allen Fällen gelungen, den Rechteinhaber ausfindig zu machen. Gegen Nachweis der Rechte zahlt der Verlag für die Abdruckerlaubnis die gesetzlich geschuldete Vergütung.

Liebe Schülerin, lieber Schüler!

In diesem Werkstattheft kannst du arbeiten und üben. Du findest darin zu den Werkstattseiten des Schülerbandes weitere Aufgaben zum Lesen, Sprechen und Schreiben, zum Nachdenken über Sprache und zum Rechtschreiben.

Die meisten Übungen wirst du bearbeiten, wenn das Thema gerade mit dem Schülerband im Unterricht durchgenommen und besprochen wird. Manchmal kannst du aber auch Aufgaben zu einem Thema schon vorher lösen. Dann bist du gut vorbereitet auf das, was auf dich zukommt.

Wähle deine Übungen mit Überlegung aus! Frage dich, was für dich von besonderer Bedeutung ist, was du besonders üben und wiederholen solltest – natürlich auch, was du machen möchtest, weil es dir Spaß macht. Lass dich bei der Auswahl von deiner Lehrerin oder deinem Lehrer beraten.

Während dieses und des nächsten Schuljahres wirst du dich im Unterricht und darüber hinaus unterschiedlichen Formen von schriftlichen Tests und Prüfungen stellen müssen, in denen auch deine Leistungsfähigkeit im Fach Deutsch überprüft wird. Auf den letzten Seiten des Werkstatthefts findest du Übungen, mit denen du dich gezielt darauf vorbereiten kannst.

Bevor du mit der Arbeit beginnst, solltest du noch die Hinweise auf der nächsten Seite beachten.

Und nun:
Viel Spaß und Lernerfolg mit dem „wortstark"-Werkstattheft!

Grüne, blaue, rote Aufgaben

1 Grüne Aufgaben: Sie bereiten die folgenden Aufgaben vor. Manchmal kannst du sie überspringen.

2 Blaue Aufgaben: Hier wird alles Wichtige wiederholt und geübt.

3 Rote Aufgaben: Du kannst sie zusätzlich machen. Oft sind sie wie im Schülerband ein bisschen kniffliger als die blauen.

Schülerband bereithalten

Halte während der Arbeit mit dem Werkstattheft den Schülerband 9 griffbereit. Zu vielen Übungen findest du in der Randspalte des Arbeitsheftes Hinweise, wo du dir zum Lösen der Aufgaben Hilfe im Schülerband holen und nachschlagen kannst.

Eintragen, anstreichen, schreiben ...

Du kannst direkt im Werkstattheft arbeiten (eintragen, anstreichen, schreiben, zeichnen) oder etwas auf ein Zusatzblatt schreiben und einkleben, wenn der Platz nicht ausreicht.

Lösungen überprüfen

Wenn du wissen möchtest, ob du alles richtig gemacht hast, dann kannst du im Lösungsteil nachschlagen.
Oft gibt es aber nicht nur eine Lösung, sondern mehrere sind möglich. Arbeite dann mit jemandem zusammen und vergleicht die Lösungen miteinander. Gebt euch Tipps und helft euch beim Überarbeiten und Berichtigen von fehlerhaften Textstellen. Holt euch dabei auch Hilfe von eurer Lehrerin oder eurem Lehrer.

Das kann ich schon ...

In den Werkstätten *Sprechen und Zuhören*, *Schreiben* und *Lesen – Texte und Medien* findest du immer wieder solche Kästen:

Das kann ich schon ...	☺	😐	☹
• Einen Text, in dem Spiele erklärt werden, schnell verstehen.			
• Spielregeln sinnvoll ordnen.			
• Spielanleitungen mit Zwischenüberschriften aufschreiben.			
• Für schriftliche Anleitungen verschiedene Sprachformen wählen.			
• In Anleitungen die Verben im Präsens erkennen.			
• Einen Text überarbeiten und dabei die Korrekturzeichen nutzen.			
• Kommentare aus der Textlupe in meinen Text einarbeiten.			
• Meinen Text durch die Überarbeitung verbessern.			

Hier kannst du dein Leistungsvermögen einschätzen und ankreuzen:
☺ Das kann ich gut.
😐 Das kann ich einigermaßen.
☹ Das muss ich noch üben.

Solche Kästen können am Anfang einer Übungseinheit stehen – dann kannst du aus den folgenden Übungen gezielt auswählen.
Meistens stehen sie aber am Ende einer Übungseinheit – dann bekommst du Tipps, wie du weiterarbeiten kannst.

Überprüfe dein Wissen und Können

In den Werkstätten *Sprache* und *Rechtschreibung* findest du diese blauen Seiten:

Überprüfe dein Wissen und Können

1 In den Wörtern fehlt b oder bb, d oder dd, f oder ff, l oder ll, m oder mm, n oder nn, p oder pp, r oder rr, t oder tt:

kna___ern   der Ra___e   er fä___t   der Schwa___
der Pfa___kuchen   der Bru___bär   die Ga___e   sie pa___eln
der Pu___el   der Bü___el   es bru___t   die Hü___e
die Lu___e   der I___tum   der Schwi___flügel

a) Setze den richtigen Buchstaben ein.
b) Diktiert euch die Wörter gegenseitig.

Hier kannst du dein Leistungsvermögen selbst testen.

Ein Vorstellungsgespräch untersuchen

Die Schülerin Martha Siebert ist zu einem Vorstellungsgespräch in eine Kfz-Werkstatt eingeladen worden. Sie hatte sich um einen Ausbildungsplatz als Mechatronikerin beworben. Herr Czech, der Werkstattleiter, empfängt sie:

Herr Czech: Guten Morgen, Frau Siebert. Schön, dass Sie sich bei uns bewerben. Nehmen Sie doch Platz. Haben Sie unseren Betrieb gleich gefunden?

Martha: Hallo, Herr Czech. Den Betrieb habe ich sofort gefunden. Ich bin vor wenigen Tagen schon mal hierher gefahren, um mir Fahrtzeit und Ort einzuprägen.

Herr Czech: Sie haben in Ihrem Bewerbungsschreiben geschrieben, dass Sie schon ein Betriebspraktikum im Autohaus Niewerth gemacht haben. Wie kamen Sie zu diesem Praktikumsplatz?

Martha: Die Praktikumsstelle hat mir mein Vater vermittelt. Er kennt den Werkstattleiter gut.

Herr Czech: Sie wissen sicher, dass Mechatroniker eher ein typisch männlicher Beruf ist?

Martha: Das ist mir vollkommen klar. In der Schule habe ich aber gelernt, mich auch gegen Jungs durchzusetzen, davor habe ich keine Angst.

Herr Czech: Und das hat Sie bewogen, diesen Beruf zu erlernen?

Martha: Nein, natürlich nicht. Ich bin seit der Schulzeit an Technik interessiert. Ich habe den Technikkurs als Schwerpunktfach belegt, habe in Physik ein „Sehr gut“ auf dem Zeugnis. Technik, nicht nur was das Auto betrifft, interessiert mich sehr. Kleinreparaturen zu Hause mache ich zusammen mit meinem Vater. Das Praktikum hat mir total Spaß gemacht, überhaupt das praktische Arbeiten.

Herr Czech: Dann müssten Sie ja schon einiges über die Tätigkeitsfelder des Mechatronikers wissen?

Martha: Logo. Ich habe mich vorher beim BIZ informiert; im Praktikum habe ich ja auch schon mitbekommen, was alles zu tun ist: reparieren, Teile auswechseln, Funktionen überprüfen. Und besonders braucht man Kenntnisse über Elektronik, da die heutigen Autos voller Elektronik sind.

Herr Czech: Was machen Sie denn in Ihrer Freizeit?

Martha: In der Freizeit? Mich mit Freunden aus meiner Stufe treffen, mal richtig abhängen am Wochenende. Gelegentlich auch mal Inlinerfahren und so.

Herr Czech: Wir haben eine große Zahl von Bewerbern für unsere drei Ausbildungsplätze. Was denken Sie, weshalb sollten wir gerade Sie nehmen?

Martha: Ich meine, wenn man sich als junge Frau für eine solche Ausbildung in einem Kfz-Betrieb bewirbt, wird man doch viel kritischer beurteilt. Also wird man sich umso mehr engagieren und zeigen, was man leisten kann. Außerdem habe ich gehört, dass Ihre Firma dafür bekannt ist, dass sie auch jungen Frauen faire Chancen auf einen Ausbildungsplatz einräumt.

Herr Czech: Das trifft zu. Wir haben immer wieder gute Erfahrungen mit weiblichen Auszubildenden gemacht. Haben Sie denn selbst noch Fragen an mich? Möchten Sie noch etwas über unsere Firma wissen?

Martha: Muss man denn Überstunden machen, und wird das Jugendschutzgesetz auch beachtet?

Herr Czech: Keine Firma kann es sich leisten, das Jugendschutzgesetz nicht zu beachten. Was Ihre Frage nach den Überstunden betrifft: So etwas kann in Notfällen mal erwünscht sein. Hätten Sie denn damit Probleme?

Martha: Nee, eigentlich nicht, nur dienstags und freitags haben wir Volleyballtraining, da würde es mir nicht so gut passen.

Herr Czech: Sie haben noch gar nicht nach der Ausbildungsvergütung gefragt?

Martha: Das wird schon passen. Meine Freundin verdient im ersten Lehrjahr 395 €, das wird ja dann so ähnlich sein.

Herr Czech: Ich danke Ihnen für das Gespräch. Sie werden bald von uns hören.

1 Herr Czech hat sich nach dem Gespräch Gedanken gemacht, wie er die Bewerberin einschätzen soll. Notiere zwei Aussagen von Martha, die dem Werkstattleiter wohl nicht besonders gefallen haben werden und weshalb:

Aussagen: Begründung (in Stichworten):

Z. ______: ______________________________

Z. ______: ______________________________

2 Bei welchen Fragen hat Martha sich „gut verkauft“? Wähle zwei überzeugende Antworten aus und begründe deine Meinung.

Aussagen: Begründung (in Stichworten):

Z. ______: ______________________________

Z. ______: ______________________________

3 An welchen Stellen ist das Sprachverhalten von Martha eher unpassend?

Aussagen: Begründung (in Stichworten):

Z. ______: ______________________________

Z. ______: ______________________________

4 Manche Fragen klingen ganz harmlos: „Haben Sie unseren Betrieb gleich gefunden?“, „Wie kamen Sie zu diesem Praktikumsplatz?“
Was möchte Herr Czech mit diesen Fragen herausbekommen?

Das kann ich schon ...	☺	😐	☹
• Den Ablauf eines Bewerbungsgesprächs untersuchen.			
• Die Fragen in einem Bewerbungsgespräch verstehen.			
• Sinnvolle/unpassende Antworten einschätzen.			
• Angemessene/unpassende Formulierungen erkennen.			

Eine Theaterszene erarbeiten

Du hast dich im Schülerband bereits mit dem Theaterstück „Andorra" von Max Frisch auseinandergesetzt (S. 180–187).

Die folgende Szene ist das siebte Bild aus diesem Stück. Sie zeigt Andri, den unehelichen Sohn des Lehrers, der bei seinem Vater lebt und von ihm als ein gerettetes jüdisches Kind ausgegeben wird, im Gespräch mit dem Pater, der die Kirche in dem kleinen Dorf in Andorra betreut.

Max Frisch

Andorra

Siebtes Bild

Sakristei, der Pater und Andri.

PATER Andri, wir wollen sprechen miteinander. Deine Pflegemutter wünscht es. Sie macht sich große Sorge um dich ... Nimm Platz!

Andri schweigt.

Nimm Platz, Andri!

Andri schweigt.

Du willst dich nicht setzen?

Andri schweigt.

Ich verstehe, du bist zum ersten Mal hier. Sozusagen. Ich erinnere mich: Einmal als euer Fußball hereingeflogen ist, sie haben dich geschickt, um ihn hinter dem Altar zu holen.

Der Pater lacht.

ANDRI Wovon, Hochwürden, sollen wir sprechen?

PATER Nimm Platz!

Andri schweigt.

Also du willst dich nicht setzen.

Andri schweigt.

Nun gut.

ANDRI Stimmt das, Hochwürden, daß ich anders bin als alle?

Pause

PATER Andri, ich will dir etwas sagen.

ANDRI – ich bin vorlaut, ich weiß.

PATER Ich verstehe deine Not. Aber du sollst wissen, daß wir dich gern haben, Andri, so wie du bist. Hat dein Pflegevater nicht alles getan für dich? Ich höre, er hat Land verkauft, damit du Tischler wirst.

ANDRI Ich werde aber nicht Tischler.

PATER Wieso nicht?

ANDRI Meinesgleichen denkt alleweil nur ans Geld, heißt es, und drum gehöre ich nicht in die Werkstatt, sagt der Tischler, sondern in den Verkauf. Ich werde Verkäufer, Hochwürden.

PATER Nun gut.

ANDRI Ich wollte aber Tischler werden.

PATER Warum setzest du dich nicht?

ANDRI Hochwürden irren sich, glaub ich. Niemand mag mich. Der Wirt sagt, ich bin vorlaut, und der Tischler findet das auch, glaub ich. Und der Doktor sagt, ich bin ehrgeizig, und meinesgleichen hat kein Gemüt.

PATER Setz dich!

ANDRI Stimmt das, Hochwürden, daß ich kein Gemüt habe?

PATER Mag sein, Andri, du hast etwas Gehetztes.

ANDRI Und Peider sagt, ich bin feig.

Peider: *Soldat bei der andorranischen Truppe*

PATER Wieso feig?

ANDRI Weil ich Jud bin.

PATER Was kümmerst du dich um Peider!

Andri schweigt.

Andri, ich will dir etwas sagen.

ANDRI Man soll nicht immer an sich selbst denken, ich weiß. Aber ich kann nicht anders, Hochwürden, es ist so. Immer muß ich denken, ob's wahr ist, was die andern von mir sagen: daß ich nicht bin wie sie, nicht fröhlich, nicht gemütlich, nicht einfach so. Und Hochwürden finden ja auch, ich hab etwas Gehetztes. Ich versteh schon, daß niemand mich mag. Ich mag mich selbst nicht, wenn ich an mich selbst denke.

Der Pater erhebt sich.

Kann ich jetzt gehn?

PATER Jetzt hör mich einmal an!

ANDRI Was, Hochwürden, will man von mir?

PATER Warum so mißtrauisch?

ANDRI Alle legen ihre Hände auf meine Schulter.

PATER Weißt du, Andri, was du bist?

Der Pater lacht.

Du weißt es nicht, drum sag ich es dir.

Andri starrt ihn an.

Ein Prachtskerl! In deiner Art. Ein Prachtskerl! Ich habe dich beobachtet, Andri, seit Jahr und Tag —

ANDRI Beobachtet?

PATER Freilich.

ANDRI Warum beobachtet ihr mich alle?

PATER Du gefällst mir, Andri, mehr als alle andern, ja, grad weil du anders bist als alle. Was schüttelst du den Kopf? Du bist gescheiter als sie. Jawohl! Das gefällt mir an dir, Andri, und ich bin froh, daß du gekommen bist und daß ich es dir einmal sagen kann.

ANDRI Das ist nicht wahr.

PATER Was ist nicht wahr?

ANDRI Ich bin nicht anders. Ich will nicht anders sein.

1 Beantworte die folgenden Fragen zum Text.

– Welche Personen treten auf? ______________________

– Welche Personen werden im Gespräch außerdem erwähnt?

____

– Welche Eigenschaften und Fähigkeiten spricht der Pater Andri zu?
Sind es deiner Meinung nach gute oder schlechte Eigenschaften?

____

____

____

____

– Was erfährst du darüber, wie andere Personen über Andri denken?

____

____

– Warum widerspricht Andri dem Pater?

____

– Wie sieht Andri sich selbst?

____

____

____

2 Dringe nun tiefer in die Szene ein und mache dir Gedanken über Fragen, für deren Beantwortung du Rückschlüsse aus dem Text ziehen musst.

– Was lässt sich aus der Szene über Charakterzüge und Gefühlslage des Paters und Andris erschließen?

____

____

____

– Der Pater und andere Personen bezeichnen Andri als „anders".
Welche Motive haben sie dafür?

– Versuche Andris Wunsch, nicht anders sein zu wollen, zu erklären.

---

3 Stell dir vor, du müsstest für eine Aufführung des Stückes bei jedem Gesprächsanteil ein Adjektiv dazuschreiben, das den Darstellern Hinweise darauf gibt, in welcher Stimmung die Person gerade ist und wie diese Textstelle gesprochen werden sollte. Schreibe entsprechende Adjektive neben den Text und begründe deine Auswahl.

4 Tragt die Szene mit verteilten Rollen laut vor.
- Bildet Zweiergruppen und verteilt die beiden Rollen.
- Markiert die Gesprächsanteile unterschiedlich farbig.
- Ergänzt eure Randnotizen zu einer angemessenen Art des Sprechens (Tonfall, Lautstärke, Sprechtempo, Betonung, Pausenzeichen).
- Sprecht auch darüber, wie ihr euer Sprechen durch Mimik und Gestik verstärken könnt.

5 Geht mit der Szene frei um. Markiert in den Gesprächsanteilen des Paters und Andris jeweils drei Sätze, die ihr für besonders wichtig haltet. Tragt die neu entstandene Szene vor und lasst die Figuren dabei abwechselnd diese Sätze mehrmals nacheinander wiederholen, auch mit verändertem Tonfall und Sprechtempo. Sprecht anschließend über die Wirkung.

6 Entscheidet gemeinsam, ob bzw. wie ihr die Szene noch weiterführen wollt, z. B. um andere Figuren einzubeziehen und sie nach ihrer Einstellung zu Andri zu befragen (Peider, den Tischler, den Lehrer ...).

Das kann ich schon ...	☺	😐	☹
• Fragen zu einer Theaterszene beantworten.			
• Aus einer Theaterszene Rückschlüsse auf Charakterzüge und Gefühlslagen der Figuren ziehen.			
• Das Verhalten von Figuren deuten und erklären.			
• Hinweise zum Vortragen einer Theaterszene geben.			
• Eine Theaterszene angemessen vortragen.			

Eine schriftliche Argumentation ausarbeiten

In einem Internet-Chat beklagt sich „Julia94“ über das Mobbing an einer Mitschülerin. Die Mitschülerin wird in der Klasse und besonders über das Internet (Cybermobbing) in sozialen Netzwerken wie Facebook oder SchülerVZ beschimpft und beleidigt:

Julia94:
Wer gibt mir Tipps? Mit meiner Klassenkameradin bin ich seit 5 Wochen befreundet. Sie wird seit längerer Zeit in der Klasse wegen ihrer Figur lächerlich gemacht und beschimpft. Im SVZ hat man sie sogar bedroht. Nun werde ich auch schon abgelehnt. Was soll ich machen?

Ullefan:
Lass dich auf keinen Fall da reinziehen; sonst bist du auch dran. Zieh dich lieber 'ne Weile zurück, bis sich das Ganze beruhigt.

ToppiLöwe:
Steh zu deiner Freundin! Lasst diese Blödmänner links liegen, kümmert euch einfach nicht darum. Oder noch besser: Verbündet euch mit anderen.

1 Wie würde dein Chat-Beitrag lauten?

Die Redakteure eurer Schülerzeitung wollen das Thema unter der Fragestellung **„Mobbing in der Schule – einmischen oder raushalten?“** in der nächsten Ausgabe aufgreifen. Sie bitten dich dazu um eine Stellungnahme für die Schülerzeitung.

__1. Schritt:__ Argumente sammeln und auswählen

2 Die folgenden stichwortartig notierten Argumente sind in einem Klassengespräch in ähnlicher Weise geäußert worden.
Markiere Argumente, die deinen Standpunkt stützen, und ergänze weitere.

1) *viele Opfer selbst schuld*
2) *das Risiko groß, bei Eingreifen selbst ausgegrenzt zu werden*
3) *Mobbingopfer reagieren abweisend, wenn man helfen will*
4) *überall wird Solidarität gefordert, dann doch auch bei Mobbing*
5) *man kann selbst zum Opfer werden, also sollte man helfen*
6) *zu spätes Eingreifen kann katastrophale Folgen für Opfer haben*
7) *nicht eingreifen, Mobbing hört nach gewisser Zeit von selbst auf*
8) *wieso den Helden spielen?*
9) *bisher Unbeteiligte bekommen Mut, wenn ein Einzelner sich einmischt*
10) *Selbstbewusstsein des Opfers wird zerstört*

11) ____________________

12) ____________________

3 Wähle drei Argumente aus, die du für deine Argumentation am überzeugendsten findest. Trage sie in die Tabelle ein und begründe deine Auswahl: Sind sie wichtig, weil sie deine Mitschüler überzeugen können? Oder weil man an die Mobbingopfer denkt? Oder weil ...

Auswahl Argumente:	Begründung für die Auswahl (in Stichworten):
Nr. ____:	____________________
Nr. ____:	____________________
Nr. ____:	____________________

4 Trage Beispiele (selbst erlebt, bei anderen beobachtet oder ausgedacht: *Wenn zum Beispiel ...*) oder andere Belege (Expertenaussagen, allgemeine Tatsachen) zusammen, mit denen du deine Argumente stützen kannst.

Argumente:	Beispiel/Beleg (in Stichworten)
Nr. ____:	____________________
Nr. ____:	____________________
Nr. ____:	____________________

2. Schritt: *Gegenargumente aufgreifen und entkräften*

5 Wähle ein wichtiges Argument, das deinem Standpunkt entgegensteht, aus und versuche es zu entkräften oder zu widerlegen.

Gegenarg.:	Entkräftung/Widerlegung (in Stichworten):
Nr. ____:	____________________

3. Schritt: *Die Argumente in einer schriftlichen Stellungnahme entfalten*

6 Verfasse mithilfe deiner Aufzeichnungen deine Stellungnahme für die Schülerzeitung. Nutze dazu auch die Formulierungshilfen in der Randspalte (S. 14).
- In der **Einleitung** führst du in das Thema ein und nennst den Anlass deines Beitrags.
- Im **Hauptteil** führst du deine Argumente mit Beispielen/Belegen aus und entkräftest ein wichtiges Gegenargument.
- Zum **Schluss** bekräftigst du noch einmal deinen Standpunkt; vielleicht kannst du auch einen Vorschlag machen oder einen Ratschlag geben.

Wie ihr wisst …
Einigen von euch ist sicher bekannt …
Deshalb/Aus diesem Grunde möchte ich …

Ich denke/bin der Meinung …
Dafür spricht …
Ein weiteres wichtiges Argument …
Am wichtigsten aber scheint mir …

Wenn zum Beispiel …
z. B. erlebt/gesehen …
Untersuchungen haben ergeben …

Nun behaupten manche, dass …
Man könnte dagegen einwenden …
Allerdings …
Nach meiner Erfahrung …

Ich bin also der Ansicht …
Ich denke also, man sollte …
Z. B. könnte man …

Das kann ich schon …	☺	😐	☹
• Argumente für und gegen eine Sache erkennen.			
• Argumente adressatenorientiert auswählen.			
• Argumente mit Beispielen/Belegen entfalten.			
• Gegenargumente aufgreifen und entkräften.			
• Eine zusammenhängende Stellungnahme verfassen.			

Einen inneren Monolog schreiben

Zur Vertiefung des Textverstehens ist es hilfreich, wenn man sich in eine Textfigur und ihre Situation hineindenkt und aus ihrer Perspektive einen inneren Monolog schreibt. Das kannst du mithilfe des folgenden Textes üben.

1 Lies den Text aufmerksam.

Rainer Jerosch

Lächeln im Regen

Regen fiel und die Luft war voll warmer Feuchtigkeit. Lächeln müsstest du, sagte er zu sich, während er die Allee entlangging, lächeln, wie die Weisen im Orient es tun. Es ist nicht wert, dass du mehr tust als lächeln. Und er lächelte auch, ein gezwungenes Lächeln, – aber er lächelte. Vor zehn Minuten hatte er sie noch gesehen. Es hatte schon zu regnen begonnen.

„Wirklich nicht?“, fragte er.

„Nein“, sagte sie.

Ihre Augen hatten keinen Ausdruck. Es war, als sehe sie ihn am anderen Ende der Straße, und als wäre er dort und nicht neben ihr.

„Du bist so merkwürdig“, sagte er. „Ich weiß nicht, was los ist.“

„Es ist gar nichts los“, entgegnete sie widerwillig.

Sie sah die Straße hinunter, und ihre Augen waren stumpf und ohne Glanz. An beiden Seiten der Straße standen Bäume, und der Regen fiel, und die Blätter glänzten.

„Was ist nur mit dir los?“, sagte er. „Du bist schon voriges Mal so komisch gewesen.“

„Ich weiß gar nicht, wovon du sprichst“, sagte sie.

Sie stand am Hauseingang an die Tür gelehnt. Er stand zwei Stufen tiefer auf den nassen Fliesen vor dem Haus.

„Ich möchte jetzt wissen, was dich so verändert“, sagte er. „Ich möchte das endlich mal rauskriegen. Willst du mir nicht sagen, was los ist?“

„Nein“, sagte sie. „Ich weiß nicht, wovon du redest.“

„Das weißt du sehr genau“, sagte er.

Sie antwortete nicht, und es entstand eine Pause. Es regnete, und sie blickte die Straße hinunter auf die Blätter, und es war ein geheimnisvolles Rauschen in der Luft.

„Ich verstehe dich nicht“, sagte er. „Bin ich dir zu langweilig geworden, oder was ist los?“

„Ich weiß nicht, was du immer hast!“ Sie war sehr ungeduldig.

„Ich habe überhaupt nichts“, sagte er, „aber du tust so, als wäre ich Luft und als langweilte ich dich!“

Sie sagte nichts und blickte an ihm vorbei. Der Asphalt auf der Straße spiegelte den Regenhimmel, und die Erde zwischen Kantstein und Fußgängerweg war weich und moorig.

„Und morgen?“, fragte er.
„Ich sage dir doch, ich kann nicht!“ Sie sah auf die Häuser, die hinter den Bäumen hervorblickten und in großen grünen Gärten standen.
„Gut“, sagte er und fühlte sich elend. „Gut, dann also nicht. Ich gebe die Theaterkarten zurück.“
Sie rührte sich nicht, und er fühlte sich scheußlich elend. „Auf Wiedersehen!“, sagte er.
„Leb wohl!“, entgegnete sie. Dann klappte die Tür, und er wusste, dass er jetzt fortgehen musste. Er drehte sich langsam um und ging die Straße hinunter.

Du solltest es nicht so ernst nehmen, sagte er sich. Es lohnt sich nicht. Es lohnt sich wirklich nicht. Man müsste darüber lächeln können, wirklich nur lächeln. Und er lächelte das gezwungene Lächeln, und es regnete durch die Bäume vom grauen Himmel.

2 Nähere dich dem Textinhalt an.
- Markiere die Gesprächsanteile des Mannes und der Frau mit unterschiedlichen Farben. Lies dann das Gespräch der beiden Figuren mit einem Partner bzw. einer Partnerin halblaut vor.
- Stell dir vor, du müsstest die Geschichte inszenieren. Wie würdest du die Bühne einrichten?
- Überlege dir, was vor diesem Gespräch passiert sein könnte und wie die beiden Figuren in diese Situation gekommen sind.
- Schau dir den „Rahmen“ des Gesprächs noch einmal an, um die Gesprächssituation richtig einordnen zu können.
- Denke darüber nach, welche Rolle der Regen für die Geschichte spielt und warum der Mann meint, er solle lächeln.

3 Beschreibe mithilfe von Adjektiven, in welcher Stimmung sich die beiden Textfiguren befinden. Wähle aus dem Wortmaterial passende Adjektive aus und füge selbst gefundene Adjektive hinzu.
fröhlich traurig enttäuscht liebevoll ruhig zurückhaltend
hoffnungsvoll ärgerlich verunsichert genervt ...

Der Mann: ______________________________

____

Die Frau: ______________________________

____

4 Wähle eine der beiden Figuren aus, um aus ihrer Perspektive einen inneren Monolog zu schreiben. Begründe deine Wahl.

Meine Auswahl: ______________________________

Meine Begründung: ______________________________

5 Versetze dich genauer in die gewählte Figur hinein und beantworte die folgenden Fragen. Unterstreiche passende Stellen im Text und mache dir Notizen.
- Was könnte die Figur denken? Was könnte sie empfinden?
- Bleibt die Stimmung der Figur erhalten oder verändert sie sich?
- Wie ist die Beziehung der Figur zu der anderen Figur?
- Was denkt die Figur über die Vorgeschichte des Gesprächs?
- Wie ist diese Beziehung früher gewesen? Wie wird sie in Zukunft sein?
- Wie haben die beiden Figuren zueinander gefunden?
- Wollen sie sich in Zukunft noch wiedersehen bzw. zusammenbleiben?

6 Schreibe jetzt einen inneren Monolog aus der Perspektive der gewählten Figur. Arbeite auf einem Zusatzblatt.

Tipp

Formale Merkmale eines inneren Monologs:
- ***Ich-Form,***
- ***Zeitform Präsens,***
- ***oft verkürzte Sätze.***

7 Stelle den inneren Monolog deinen Mitschülerinnen und Mitschülern vor und erläutere,
- worauf du bei deiner Ausführung inhaltlich und sprachlich geachtet hast,
- wie du beim Schreiben vorgegangen bist.

Ich habe mir vorgestellt, dass ... Mir war wichtig ...
Ich habe den inneren Monolog so gestaltet, weil ...
... in die Figur hineinversetzt ... dabei beziehe ich mich auf ...
habe ich so gedeutet, deshalb ...

8 Schreibe einen inneren Monolog zu der anderen Figur aus der Geschichte.

Das kann ich schon ...	☺	😐	☹
• Fragen zum Text stellen und beantworten.			
• Mich in Textfiguren und ihre Situation hineindenken.			
• Die Stimmung von Textfiguren mit Adjektiven beschreiben.			
• Einen inneren Monolog aus der Perspektive einer Textfigur schreiben.			
• Meinen Schreibvorgang und mein Arbeitsergebnis erläutern.			

Eine Ich-Charakteristik schreiben

1 Lies den folgenden Text aufmerksam durch.

Kirsten Boie

Schließlich ist letztes Mal auch nichts passiert

Zum Beispiel könnte er das Fahrrad nehmen.

Man kann auch im Regen Rad fahren, zwölf Kilometer sind schließlich nicht die Welt. Oder wenn er das Geld für ein Taxi hätte.

„Manu?“, ruft Hilde aus dem Wohnzimmer. „Musst du nicht los?“

Und außerdem ist es unwahrscheinlich, dass etwas passiert. Beim letzten Mal ist ja auch nichts passiert. Und all die tausend Male davor. Beim letzten Mal nur beinahe. Oder eigentlich nur: vielleicht beinahe.

„Manu?“, ruft Hilde. „Gleich ist es vier.“

Auf der Hinfahrt hat er sowieso keine Angst. Solange es hell ist. Obwohl das natürlich überhaupt nichts damit zu tun hat, aber trotzdem. Auf der Hinfahrt hat er keine Angst.

Eher dann schon auf der Rückfahrt. Das weiß man doch, wie die Leute sind. Bis da einer aufsteht. Bis da einer was sagt. Bis da einer, das schon überhaupt nicht, dazwischengeht.

„Manu?“, ruft Hilde. „Um zwölf nach geht die Bahn!“

Aber es muss ja auch keiner gleich zuschlagen. Natürlich, reden, das tun sie. Aber das haben sie schließlich schon immer getan.

„Manu?“, sagt Hilde. Sie steht in der Zimmertür, die Lesebrille verrutscht. „Ich dachte, es ist so wichtig heute? Ich dachte, weil es das letzte Training ist ...“

„Wir hatten Mathe auf“, sagt Manu. Er schlägt den Ordner zu und steckt ihn in den Rucksack. Langsam.

„Wenn du dich beeilst, kriegst du die U-Bahn noch“, sagt Hilde.

Sie sieht ihn misstrauisch an. „Oder ist irgendwas los?“

Manu schiebt den Stuhl unter den Schreibtisch. „Nee, nee, alles okay“, sagt er. Wenn Hilde sich nicht immer so einmischen würde. Fragen und kontrollieren und aufpassen, dass er nicht zu spät kommt.

„Ja, dann beeil dich aber auch mal!“, sagt Hilde und allmählich klingt ihre Stimme ungeduldig. „Manchmal versteh ich dich wirklich nicht!“

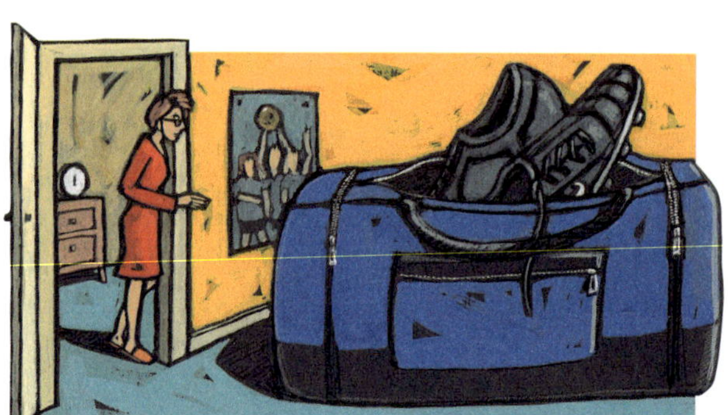

Musst du ja auch nicht, denkt Manu. Verlangt kein Mensch von dir. Könntest du auch gar nicht. Meine Güte, was weißt denn du!

„Ich nehm sowieso das Rad“, sagt Manu und schnürt sich die Stiefel zu. „Nur keine Hektik.“

Hilde zuckt die Achseln und geht zurück ins Wohnzimmer. „Viel Spaß jedenfalls“, sagt sie und guckt noch einmal über die Schultern zurück. „Aber irgendwas ist los, ich bin doch nicht blöd.“

Nee, bist du vielleicht nicht, denkt Manu. Blöd seid ihr ja alle nicht. Aber Ahnung habt ihr trotzdem keine.

Der Regen schlägt vor der Haustür auf die Steine. Wenn er läuft, kriegt er die U-Bahn noch leicht. Er müsste ja verrückt sein, jetzt mit dem Rad zu fahren. Bei diesem Wetter ausgerechnet.

Manu zieht den Kopf zwischen die Schultern und läuft. Er ist gut im Training, die Strecke schafft er in drei Minuten. Höchstens.

Und schließlich, denkt Manu, was ist schon gewesen. Ihre Bierdosen haben sie aufgerissen, ihre Mäuler auch. Noch nicht mal Glatzen haben sie gehabt, noch nicht mal Springerstiefel, irgendwie völlig normal. Müsste einem fast peinlich sein, dass man sich da gleich so aufregt. Schließlich haben sie früher auch schon geredet. Solange er denken kann schon. Aber früher haben sie eben noch keine Menschen angezündet, das macht einen Unterschied. Jetzt kann man ihnen glauben, was sie sagen.

„Ey, guck mal, die Dachpappe“, hat einer gesagt. Offene Jacke, Pickel am Kinn. Da saßen sie schon lange mit ihm im Abteil, zu dritt, hatten ihre Bierdosen geöffnet. Hatten gerülpst und die Beine von sich gespreizt, hatten sich über die missbilligenden Blicke der Alten gefreut und über die Jungen, die taten, als sähen sie nichts. Angestrengt.

Und plötzlich war Rülpsen nicht mehr genug.

„Ey, guck mal, die Dachpappe! Darf der seinen schwarzen Arsch auf deutsche Bänke setzen?“

„Genau!“, sagte der Nächste: klein, ein bisschen dick, ein deutscher Mann. Sah in die Richtung, in der Manu saß, und tat, als läse er Stephen King. „Und später setzen sich da wieder deutsche Frauen hin, was? Wo der mit seinem Kaffernarsch ...“

Zwei Männer mit Aktenkoffern und den Gesichtern von Taubblinden drängten sich an den dreien vorbei und stiegen aus der Bahn. Noch zwei Haltestellen bis zu Hause.

„He, Dachpappe! Arsch hoch, aber bisschen rucki, zucki!“

Manu sah erstaunt, wie weiß seine Fingerknöchel waren, so fest hielt er jetzt das Buch. Bisher war noch alles ganz harmlos. Bei Stephen King kam das Grauen immer erst langsam.

„Du nix deutsch, oder was? Du nur Uga-Uga, bum-bu?“

Wenn sie lachten, war es erst mal gut. Wenn sie sich auf die Schenkel schlugen, war es gut, so lange waren sie zufrieden. So lange mussten sie nicht zu ihm kommen und tun, was sie nun tun wollten und wovon sie vielleicht noch nicht einmal wussten, was es sein würde. Das würde sich dann schon ergeben.

„Nächste Haltestelle ...“, sagte der Lautsprecher.

Wenn er hier ausstieg, war er in Sicherheit. Er konnte die nächste Bahn abwarten und das letzte Stück zwanzig Minuten später fahren.

1 Beantworte zur Vorbereitung einer Ich-Charakteristik die folgenden Fragen auf einem Zusatzblatt. Stell dir dabei vor, dass du an Manus Stelle bist, und gib die Antworten aus seiner Perspektive. Manches, was nicht direkt im Text steht, musst du daraus erschließen.

- *Wie heißt du?*
- *Wo befindest du dich gerade? Was machst du gerade? Wohin willst du fahren? Wie weit ist dies von deiner Wohnung entfernt? Welches Verkehrsmittel benutzt du meistens? Welches Wetter ist heute?*
- *Welches Verkehrsmittel willst du trotzdem benutzen und warum? Wovor hast du Angst?*
- *Wer ist „Hilde“? Was tut sie und was sagt sie? Was weiß sie von deiner Angst? Was nervt dich an ihr?*

- *Was beschäftigt dich gerade am meisten? An welches Erlebnis denkst du?*
- *Wie sahen die Männer aus, die dich angemacht haben?*
- *Wie haben sie dich genannt und warum? Was denkst du über diese Männer?*
- *Welche anderen Passagiere waren dabei und wie haben sie sich verhalten?*
- *Wie hast du die Situation damals gemeistert?*

- *Welche Gedanken und Gefühle löst dieses Erlebnis bis heute in dir aus?*
- *Wie ist dein Selbstwertgefühl? Wie wünschst du dir dein Leben?*

→ *Hinweise zum Schreiben einer Ich-Charakteristik findest du im Schülerband, S. 106–108.*

2 Schreibe nun auf einem Zusatzblatt eine Ich-Charakteristik zur Textfigur Manu. Stell dir dabei vor, dass du diese Figur bist, und schreibe in der Ich-Form. Lass die Figur sozusagen ihre eigene Charakteristik schreiben.

3 Die Geschichte ist noch nicht zu Ende, denn es ist noch nicht klar, wie Manus Fahrt mit der U-Bahn dieses Mal verläuft.
- Finde für die Geschichte einen Schluss. Beachte die Überschrift des Textes.
- Begründe auch kurz, warum du die Geschichte so enden lässt.

Das kann ich schon ...	☺	😐	☹
• Fragen zum Text beantworten.			
• Mich in eine Textfigur und ihre Situation hineindenken.			
• Informationen zu einer Textfigur aus dem Text entnehmen bzw. erschließen.			
• Die Stimmung, Gedanken und Gefühle einer Textfigur schildern.			
• Eine Ich-Charakteristik aus der Perspektive einer Textfigur schreiben.			
• Für eine angefangene Geschichte einen passenden Schluss finden.			
• Meinen Schreibvorgang und mein Arbeitsergebnis erläutern.			

Eine Gedichtinterpretation überarbeiten

Zu dem Gedicht „Nie mehr" von Ulla Hahn (Schülerband, S. 85) hat ein Schüler eine Interpretation geschrieben. Er hat sich dazu an dem Schreibplan im Schülerband, S. 166, orientiert.

1 Lies zunächst einmal das Gedicht von Ulla Hahn und notiere deine Gedanken dazu auf einem Blatt.

2 Lies nun die Interpretation des Schülers und überprüfe, ob er sich an den Schreibplan gehalten hat. Schreibe die Zeilenangaben für die entsprechenden Abschnitte auf dein Blatt: *Einleitung: Z. 1–5; Hauptteil: Fasse den Inhalt zusammen: Z. 6–16 ...*

3 Ergänze die Interpretation mithilfe der Hinweise in der Randspalte.

Verfasserin des Liebesgedichtes „Nie mehr" ist Ulla Hahn. Es geht darin um

Thema nennen

Mein erster Eindruck ist, dass es sich bei dem lyrischen Ich um eine verzweifelte Person handelt.
In der ersten Strophe sagt die Sprecherin, was sie nie mehr machen wollte:

Beispiel anführen

Auch in der zweiten Strophe bekennt sie, dass sie nie mehr solche unsinnigen Aktionen machen wollte. Sie empfindet ihre Situation nur als eine große Quälerei.

Das wird deutlich

Am Text belegen: Welche unsinnigen Aktionen?

In der dritten Strophe widerspricht sie sich allerdings total.

Am Text belegen: Was ist widersprüchlich?

Die Sprecherin (das lyrische Ich) hat nach meiner Meinung eine Trennung von ihrem Freund hinter sich. Damit wird sie einfach nicht fertig, was in allen Strophen deutlich wird. Sie ist verzweifelt, durcheinander, sodass sie nicht mehr weiß, wie sie mit der Situation umgehen soll, was richtig und was falsch ist.

Ihre Verzweiflung wird durch sprachliche Mittel sehr schön verdeutlicht. Dass sie total „durcheinander" ist, wird schon an den Sätzen deutlich, denn manche Aussagen stehen ohne Zusammenhang nebeneinander. Besonders in der dritten Strophe:

Beispiel für zusammenhanglose Sätze anführen.

In der zweiten Strophe gebraucht Ulla Hahn zur Verdeutlichung der Stimmung des lyrischen Ichs zwei Metaphern:

Welche Metaphern sind es? Wie deutest du sie?

Die Verzweiflung des Ichs wird besonders deutlich in der mehrfachen Wiederholung des Verses

Am Text belegen: Welcher Vers wird wiederholt? Was wird dadurch verdeutlicht?

Allerdings ist bei der letzten Wiederholung des Verses die Wortstellung anders.

Dort steht: „ "

Das passt zu den gegensätzlichen Gefühlen und Wünschen, die in Strophe 3 ausgesprochen werden. Erst heißt es: „Soll dich der Teufel holen." – Also: Verschwinde! Und dann: „Herbringen. Schnell." – Also: Komm zurück!

Wie kann man also die letzte Zeile deuten?

Reime sind nicht vorhanden. Das würde auch nicht passen, denn in dem Gedicht „reimt sich" nun wirklich nichts. Es herrscht ein Gefühlschaos, das in Reimen kaum darstellbar ist.

Ich verstehe das Gedicht so, dass

Ergänze zum Schluss deine zusammenfassende Deutung des Gedichts.

Über ein Praktikum schreiben

Wenn du über ein Praktikum schreibst, hältst du wichtige Tätigkeiten und Erlebnisse in Tagesberichten und/oder Wochenberichten fest. Am Ende steht ein Rückblick auf die Erfahrungen, die du gemacht hast. Was du beim Schreiben beachten musst, kannst du auf den nächsten drei Seiten üben.

1 Die folgenden Ausschnitte aus dem Wochenbericht von Sven enthalten sprachliche Mängel.
Lies die Ausschnitte sorgfältig, wenn nötig mehrere Male. Überlege, welchen Verbesserungsvorschlag du jeweils machen würdest.

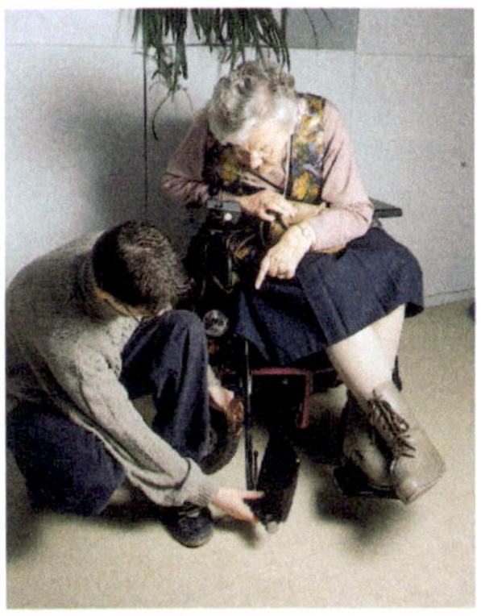

Ausschnitte aus dem Wochenbericht der zweiten Praktikumswoche

a) In der zweiten Woche konnten Nancy und ich schon viel selbstständiger arbeiten. Am Montag reparierte ich zuerst Frau Münsters Rollstuhl, das ist ziemlich kompliziert gewesen. Aber meine Hauptaufgabe hat darin bestanden, mit den Bewohnern die Freizeit zu gestalten. Ich habe mit ihnen gespielt und las ihnen aus der Zeitung vor.

b) Die täglichen Pflege- und Hilfsdienste waren immer gleich. Wir halfen beim Aufstehen und Anziehen. Wir räumten die Zimmer auf. Wir halfen beim Essen. Wir räumten das Geschirr ab. Wir gingen mit den Bewohnern einkaufen.

c) Am Freitag durften wir wieder mit Heike und Werner Medikamente zusammenstellen, die für jeden Bewohner vom Arzt verordnet waren, wobei es spezielle Boxen gab, die mit kleinen Schubfächern für jeden Wochentag versehen waren.

d) Am Nachmittag ging ich oft mit Herrn Nordhoff spazieren oder ich begleitete ihn beim Einkaufen. Das war eigentlich ganz witzig, weil er immer einen Scherz auf Lager hatte. Jedes Mal hat er der Kassiererin im Supermarkt seinen Lieblingswitz erzählt: „Treffen sich zwei Jäger. Beide tot.“ Er selbst lachte am meisten darüber. Dann gab es immer einen Stau an der Kasse und manche Leute wurden ungeduldig. Ich mochte Herrn Nordhoff sehr, obwohl er wegen seiner Krankheit auch ziemlich schusselig und vergesslich war und ich ihm eigentlich immer sagen musste, was er einkaufen sollte. Er ließ auch schon mal seinen Stock irgendwo stehen oder wusste plötzlich meinen Namen nicht mehr.

2 Untersuche die Berichtsausschnitte nun mithilfe der folgenden Hinweise genauer und verbessere sie.

» Die Zeitform im Tagesbericht ist in der Regel das Präteritum. In **Ausschnitt (a)** kommt aber auch das Perfekt vor. Entscheide, ob du entsprechende Stellen ins Präteritum umformen willst, und notiere sie dann hier.

____

____

» Gerade in einem Bericht, in dem unterschiedliche Tätigkeiten dargestellt werden, kommt es auf sinnvolle und abwechslungsreiche Satzverknüpfungen an. Wenn sich einfach nur Hauptsatz an Hauptsatz reiht, wirkt der Text steif und langweilig.
Forme die Hauptsätze in **Ausschnitt (b)** in Satzgefüge mit Haupt- und Nebensätzen um. Verwende verknüpfende Formulierungen an den Satzanfängen und in den Sätzen selbst. Die Wörter in der Randspalte helfen dir dabei.

später dann
anschließend
zwischendurch
im Anschluss daran
während als
sobald wobei
nachdem

» Satzgefüge mit einer Aneinanderreihung von Nebensätzen werden manchmal unübersichtlich und schwer lesbar. Löse die „Satzschlange“ in **Ausschnitt (c)** auf, indem du sie in mehrere Sätze umformst.

» Eigene Erlebnisse und Beurteilungen können zwar auch in den Tagesbericht aufgenommen werden, aber man muss schon entscheiden, was wichtig ist und was man weglassen sollte. Streiche Einzelheiten aus **Ausschnitt (d)**, die du nicht aufnehmen würdest. Schreibe den Ausschnitt dann neu auf.

3 Nancy hat nach jedem Arbeitstag stichwortartig ihre Tätigkeiten und Beobachtungen notiert, damit sie ausführliche Tagesberichte schreiben kann. Lies die Notizen zu ihrem ersten Arbeitstag und schreibe dazu einen ausführlichen Tagesbericht. Beachte die Schreibhinweise auf Seite 23/24. Arbeite auf einem Zusatzblatt.

Donnerstag, 19.02.
8.45 Uhr
Ankunft im Altenheim, Dienstkleidung: blaues Shirt mit Logo Altenheim
9.00 Uhr
Dienstbeginn: Besprechung der Aufgaben
9.15–10.30 Uhr
– Zugeteiltes Zimmer säubern: fegen, feucht wischen, Frühstücksgeschirr abräumen
– Hilfe beim Toilettengang/Duschen
– Lakenwechsel, falls nötig (eingenässt)
11 Uhr: Besprechung bei Frau Hänsel (Leiterin): Sturz von Frau Birkner (Seniorin), da ohne Begleitung; Frau H. weist auf zukünftiges Verhalten hin: Nur in Begleitung!
12 Uhr: Essen anreichen/abtragen, Hilfe beim Essen bei Frau Birkner (zittrige Hände)
13–14 Uhr: Mittagspause am Kiosk (bel. Brötchen)
14–16 Uhr
– Bereitschaftsdienst/Aufenthaltsraum
– Vorlesen bei Frau Tetsch (Star-OP, sehbehindert)
– Spaziergang im Heimgarten mit Herrn Völker, erwartet mich schon ungeduldig
16.15 Uhr
– Tagesplan für Freitag von Frau Hänsel
– Umkleiden, Dienstende 16.45 Uhr

4 Hier findest du den Rückblick Nancys auf ihre Erfahrungen im Praktikum. Im 2. und 3. Abschnitt stehen viele unverbundene Sätze, die immer mit dem Subjekt (Wer?) beginnen. Das klingt sehr monoton. Überarbeite diese Abschnitte auf einem Zusatzblatt, indem du manche Satzglieder umstellst. Auch Satzverbindungen lassen den Text besser klingen.

Die Praktikumsstelle im Altenheim habe ich mir selbst ausgesucht. Meine Großmutter ist pflegebedürftig, deshalb wollte ich Erfahrungen sammeln, was Pflege bedeutet.
Pflege ist Schwerstarbeit, körperlich und seelisch. Ältere Menschen lassen oft geistig nach. Man darf sie nicht wie unmündige Kinder behandeln. Frau Hänsel wies darauf hin. Man sagt zum Beispiel nicht „füttern". Das hört sich an wie Tiere füttern im Zoo. Man sagt „Essen anreichen". Man wird ja selbst einmal alt. Man möchte dann auch nicht wie ein unmündiges Kind behandelt werden.
Ich würde jederzeit wieder ein Praktikum im Altenheim machen. Ich würde einem Schülerpraktikanten raten, sich vorher mal ein Heim anzusehen. Ich denke, dies würde seine Entscheidung für das Praktikum bestärken.

5 Überarbeite deinen Tagesbericht aus Aufgabe 3. Achte dabei besonders auf sinnvolle Satzverbindungen und abwechslungsreiche Satzanfänge.

Das kann ich schon ...	☺	😐	☹
• In der richtigen Zeitform (im Präteritum) berichten.			
• Sätze mit Konjunktionen sinnvoll verbinden.			
• Zu komplizierte Satzgefüge vereinfachen.			
• Abwechslungsreich formulieren: Satzglieder umstellen.			
• Kürzen: unwichtige Informationen streichen.			

Kurzgeschichten analysieren und schriftlich interpretieren

1 Lies die folgende Kurzgeschichte aufmerksam.
Bereite dich auf eine Analyse und Interpretation der Kurzgeschichte vor, indem du beim Lesen inhaltliche Aussagen, die dir wichtig erscheinen, und sprachliche Mittel, die dir auffallen, markierst.

Heinrich Böll (1917–1985) hat diese Kurzgeschichte im Jahr 1949, also vier Jahre nach dem Ende des Zweiten Weltkriegs, geschrieben.

Heinrich Böll

An der Brücke

Die haben mir meine Beine geflickt und haben mir einen Posten gegeben, wo ich sitzen kann: Ich zähle die Leute, die über die neue Brücke gehen. Es macht ihnen ja Spaß, sich ihre Tüchtigkeit mit Zahlen zu belegen, sie berauschen sich an diesem sinnlosen Nichts aus ein paar Ziffern, und den ganzen Tag, den ganzen Tag geht mein stummer Mund wie ein Uhrwerk, indem ich Nummer auf Nummer häufe, um ihnen abends den Triumph einer Zahl zu schenken.
Ihre Gesichter strahlen, wenn ich ihnen das Ergebnis meiner Schicht mitteile, je höher die Zahl, umso mehr strahlen sie, und sie haben Grund, sich befriedigt ins Bett zu legen, denn viele Tausende gehen täglich über ihre neue Brücke ...
Aber ihre Statistik stimmt nicht. Es tut mir leid, aber sie stimmt nicht. Ich bin ein unzuverlässiger Mensch, obwohl ich es verstehe, den Eindruck von Biederkeit zu erwecken. Insgeheim macht es mir Freude, manchmal einen zu unterschlagen und dann wieder, wenn ich Mitleid empfinde, ihnen ein paar zu schenken. Ihr Glück liegt in meiner Hand. Wenn ich wütend bin, wenn ich nichts zu rauchen habe, gebe ich nur den Durchschnitt an, manchmal unter dem Durchschnitt, und wenn mein Herz aufschlägt, wenn ich froh bin, lasse ich meine Großzügigkeit in einer fünfstelligen Zahl verströmen. Sie sind ja so glücklich! Sie reißen mir förmlich das Ergebnis jedes Mal aus der Hand, und ihre Augen leuchten auf, und sie klopfen mir auf die Schulter. Sie ahnen ja nichts! Und dann fangen sie an zu multiplizieren, zu dividieren, zu prozentualisieren, ich weiß nicht was. Sie rechnen aus, wie viel heute jede Minute über die Brücke gehen und wie viel in zehn Jahren über die Brücke gegangen sein werden. Sie lieben das zweite Futur, das zweite Futur ist ihre Spezialität – und doch, es tut mir leid, dass alles nicht stimmt ...
Wenn meine kleine Geliebte über die Brücke kommt – und sie kommt zweimal am Tage –, dann bleibt mein Herz einfach stehen. Das unermüdliche Ticken meines Herzens setzt einfach aus, bis sie in die Allee eingebogen und verschwunden ist. Und alle, die in dieser Zeit passieren, verschweige ich ihnen. Diese zwei Minuten gehören mir, mir ganz allein, und ich lasse sie mir nicht nehmen. Und auch wenn sie abends wieder zurückkommt aus ihrer Eisdiele, wenn sie auf der anderen Seite des Gehsteiges meinen stummen Mund passiert, der zählen, zählen muss, dann setzt mein Herz wieder aus, und ich fange erst wieder an zu zählen, wenn sie nicht mehr zu sehen ist. Und alle, die das Glück haben, in diesen Minuten vor meinen blinden Augen zu defilieren, gehen nicht in die Ewigkeit der Statistik ein: Schattenmänner und Schattenfrauen, nichtige Wesen, die im zweiten Futur der Statistik nicht mitmarschieren werden ...

defilieren: *in feierlichem Schritt vorbeiziehen*

Es ist klar, dass ich sie liebe. Aber sie weiß nichts davon, und ich möchte auch nicht, dass sie es erfährt. Sie soll nicht ahnen, auf welche ungeheure Weise sie alle Berechnungen über den Haufen wirft, und ahnungslos und unschuldig soll sie mit ihren langen braunen Haaren und den zarten Füßen in ihre Eisdiele marschieren, und sie soll viel Trinkgeld bekommen. Ich liebe sie. Es ist ganz klar, dass ich sie liebe.

Neulich haben sie mich kontrolliert. Der Kumpel, der auf der anderen Seite sitzt und die Autos zählen muss, hat mich früh genug gewarnt, und ich habe höllisch aufgepasst. Ich habe gezählt wie verrückt, ein Kilometerzähler kann nicht besser zählen. Der Oberstatistiker selbst hat sich drüben auf die andere Seite gestellt und hat später das Ergebnis einer Stunde mit meinem Stundenplan verglichen. Ich hatte nur einen weniger als er. Meine kleine Geliebte war vorbeigekommen, und niemals im Leben werde ich dieses hübsche Kind ins zweite Futur transponieren lassen, diese meine kleine Geliebte soll nicht multipliziert und dividiert und in ein prozentuales Nichts verwandelt werden. Mein Herz hat mir geblutet, dass ich zählen musste, ohne ihr nachsehen zu können, und dem Kumpel drüben, der die Autos zählen muss, bin ich sehr dankbar gewesen. Es ging ja glatt um meine Existenz.

transponieren: *übertragen (hier ironisch gemeint)*

Der Oberstatistiker hat mir auf die Schulter geklopft und hat gesagt, dass ich gut bin, zuverlässig und treu. „Eins in der Stunde verzählt", hat er gesagt, „macht nicht viel. Wir zählen sowieso einen gewissen prozentualen Verschleiß hinzu. Ich werde beantragen, dass Sie zu den Pferdewagen versetzt werden."

Pferdewagen ist natürlich die Masche. Pferdewagen ist ein Lenz wie nie zuvor. Pferdewagen gibt es höchstens fünfundzwanzig am Tage, und alle halbe Stunde einmal in seinem Gehirn die nächste Nummer fallen zu lassen, das ist ein Lenz! Pferdewagen wäre herrlich. Zwischen vier und acht dürfen überhaupt keine Pferdewagen über die Brücke, und ich könnte spazieren gehen oder in die Eisdiele, könnte sie mir lange anschauen oder sie vielleicht ein Stück nach Hause bringen, meine kleine ungezählte Geliebte ...

ein Lenz: *ein angenehmes Leben (Redensart)*

2 Notiere Textstellen, die etwas über den Ich-Erzähler, seine Situation und seinen Auftrag aussagen.

Zeile ______: ________________________________

Zeile ______: ________________________________

Zeile ______: ________________________________

Zeile ______: ________________________________

3 Beschreibe zusammenfassend die Situation des Ich-Erzählers, indem du aus den zuvor gesammelten Textstellen Schlussfolgerungen ziehst. Beachte dabei auch die Entstehungszeit der Kurzgeschichte.

____

____

____

4 Die Kurzgeschichte beginnt mit dem Demonstrativpronomen *Die*, ohne dass erwähnt wird, um wen es sich dabei handelt. Auch im weiteren Verlauf des Geschehens werden diese Figuren nur mit Pronomen benannt (*ihnen, sie* ...). Man kann jedoch aus ihrem Verhalten Schlüsse ziehen. Erläutere, um wen es sich handeln könnte.

____

____

____

____

5 Markiere drei Textstellen, in denen deutlich wird, dass der Ich-Erzähler sich nicht an seinen Auftrag hält.
- Wann und warum zählt er bewusst fehlerhaft?
- Von welchen Gefühlen lässt er sich dabei leiten?
- Was verändert sich für ihn nach der Kontrolle?

____

____

____

____

6 Markiere mit einer anderen Farbe Textstellen, in denen die „kleine Geliebte" des Ich-Erzählers erwähnt wird.
- Was erfährst du über sie?
- Warum will der Ich-Erzähler wohl nicht, dass sie etwas von seiner Liebe erfährt?
- Was meinst du zu diesem Verhalten?

7 Schreibe nun auf einem Zusatzblatt eine zusammenhängende Interpretation der Kurzgeschichte. Nutze dazu deine Vorarbeiten.

→ *Hilfreiche Hinweise für eine Interpretation findest du im Schülerband auf Seite 69.*

8 Wähle eine weitere Kurzgeschichte oder kurze Geschichte aus dem Schülerband aus und interpretiere sie.
Vorschläge für weitere Geschichten zum Interpretieren, die du im Internet recherchieren musst oder in Textsammlungen in Bibliotheken findest, gibt es z. B. auf Seite 59.

Das kann ich schon ...	☺	😐	☹
• Wichtige inhaltliche Aussagen und sprachliche Mittel in einem Text markieren.			
• Im Text Aussagen über die Situation einer Textfigur finden.			
• Die Stimmung von Textfiguren erspüren.			
• Aus Textstellen Schlüsse ziehen.			
• Fragen an einen Text stellen und beantworten.			
• Eine Kurzgeschichte interpretieren.			

Gedichte analysieren und interpretieren

1 Frühmorgens, 6.30 Uhr, der Wecker klingelt: Welche Gedanken gehen dir durch den Kopf? Notiere sie in Stichworten.

2 Lies das Gedicht „Langschläfers Morgenlied“ von Mascha Kaléko. Beschreibe mithilfe von Textstellen, wie die Sprecherin (das lyrische Ich) und wie ihr Freund Pitt das morgendliche Aufstehen empfinden.

Mascha Kaléko

Langschläfers Morgenlied

Der Wecker surrt. Das alberne Geknatter
Reißt mir das schönste Stück des Traums entzwei.
Ein fleißig Radio übt schon sein Geschnatter.
Pitt äußert, dass es Zeit zum Aufstehn sei.

Mir ist vor Frühaufstehern immer bange.
... Das können keine wackern Männer sein:
Ein guter Mensch schläft meistens gern und lange.
– Ich bild mir diesbezüglich etwas ein ...

wacker: *entschlossen, charakterfest, tüchtig*

Das mit der goldgeschmückten Morgenstunde
Hat sicher nur das Lesebuch erdacht.
Ich ruhe sanft. – Aus einem kühlen Grunde:
Ich hab mir niemals was aus Gold gemacht.

Der Wecker surrt. Pitt malt in düstern Sätzen
Der Faulheit Wirkung auf den Lebenslauf.
Durchs Fenster hört man schon die Autos hetzen.
– Ein warmes Bett ist nicht zu unterschätzen.
... Und dennoch steht man alle Morgen auf.

3 Mache dir Notizen zur Form des Gedichtes (Strophen, Reime). Versuche die Veränderung in der letzten Strophe zu deuten.

4 In Strophe 1 ist eine Personifizierung gelb markiert, ein sprachliches Mittel, das die Dichterin mehrfach verwendet. Markiere weitere Beispiele hierfür und stelle Vermutungen an, was Mascha Kaléko damit bewirken will.

5 In Strophe 3 wird ein bekanntes Sprichwort zitiert:
– Um welches Sprichwort handelt es sich?
– Wie deutest du im Zusammenhang damit die letzte Zeile der Strophe 3?

6 Stelle die Ergebnisse deiner Textuntersuchung in einer schriftlichen Interpretation dar. Halte dich an den Schreibplan auf Seite 166 im Schülerband.

1 Lies zunächst nur den Titel des Gedichts: „Sachliche Romanze“. Kläre die Bedeutung der Begriffe *Romanze/romantisch und sachlich/sachlich bleiben/ein sachliches Gespräch führen*. Mache dir dazu Notizen.

2 Lies das Gedicht „Sachliche Romanze“ und fasse den Inhalt der einzelnen Strophen zusammen.

Erich Kästner

Sachliche Romanze

Als sie einander acht Jahre kannten
(und man darf sagen: sie kannten sich gut),
kam ihre Liebe plötzlich abhanden.
Wie andern Leuten ein Stock oder Hut.

Sie waren traurig, betrugen sich heiter,
versuchten Küsse, als ob nichts sei,
und sahen sich an und wussten nicht weiter.
Da weinte sie schließlich. Und er stand dabei.

Vom Fenster aus konnte man Schiffen winken.
Er sagte, es wäre schon Viertel nach vier
und Zeit, irgendwo Kaffee zu trinken.
Nebenan übte ein Mensch Klavier.

Sie gingen ins kleinste Café am Ort
und rührten in ihren Tassen.
Am Abend saßen sie immer noch dort.
Sie saßen allein, und sie sprachen kein Wort
und konnten es einfach nicht fassen.

3 Beschreibe mithilfe von Textbelegen, wie es um die Beziehung der beiden steht. Beachte, wie und worüber sie sprechen, wie sie aufeinander reagieren, was sie gemeinsam tun.

4 „Der Beobachter der Szene (ein lyrisches Ich ist ja nicht vorhanden) gebraucht eine Sprache, die genau zur dargestellten Situation passt.“
Überprüfe diese Behauptung und ...
a) untersuche, ob die Sprache eher stimmungsvoll/gefühlvoll (Adjektive, Vergleiche, bildhafte Ausdrücke) oder eher sachlich ist. Finde entsprechende Textstellen als Belege für deine Aussage.
b) überlege, ob die bildhaften Ausdrücke in Strophe 1 im Widerspruch zu den folgenden Strophen stehen oder gut dazu passen.
c) begründe, ob der Titel „Sachliche Romanze“ zu dem Gedicht passt.

5 Schreibe eine zusammenhängende Interpretation des Gedichts. Halte dich dazu an den Schreibplan auf Seite 166 im Schülerband.

1 Lies das Gedicht von Heinrich Heine und notiere deinen ersten Eindruck von den Personen und ihren Gesprächen.

2 Passt das Bild zu dem Gedicht? Begründe deine Meinung.

Heinrich Heine

Sie saßen und tranken am Teetisch ...

Sie saßen und tranken am Teetisch,
Und sprachen von Liebe viel.
Die Herren waren ästhetisch,
Die Damen von zartem Gefühl.

> Die Herren sprachen in gewählten Worten über Liebe.

Die Liebe muss sein platonisch,
Der dürre Hofrat sprach.
Die Hofrätin lächelt ironisch,
Und dennoch seufzet sie: Ach!

> Der Hofrat (hoher Beamter): Liebe braucht keine Sexualität.

Der Domherr öffnet den Mund weit:
Die Liebe sei nicht zu roh,
Sie schadet sonst der Gesundheit.
Das Fräulein lispelt: Wieso?

> Der Domherr (kirchlicher Würdenträger): Körperliche Liebe schadet der Gesundheit.

Die Gräfin spricht wehmütig:
Die Liebe ist eine Passion!
Und präsentieret gütig
Die Tasse dem Herrn Baron.

> Die Gräfin: Liebe heißt Leidenschaft.

Am Tische war noch ein Plätzchen;
Mein Liebchen, da hast du gefehlt.
Du hättest so hübsch, mein Schätzchen,
Von deiner Liebe erzählt.

»» Bearbeite die folgenden Aufgaben auf einem Zusatzblatt.

3 Fasse den Inhalt des Gedichts mit eigenen Worten zusammen:

Eine vornehme Gesellschaft trinkt Tee (1. Strophe). Sie sprechen über ...
In der 2. Strophe behauptet der Hofrat ... Die Hofrätin allerdings ...
Ähnlich verhält es sich in der 3. Strophe ... Das Fräulein jedoch ...
In Strophe 4 vertritt die Gräfin die Meinung ... während sie zugleich ...
In der letzten Strophe meldet sich das lyrische Ich selbst zu Wort ...

4 In einer Interpretation des Gedichts heißt es:

„Der Autor macht sich in seinem Gedicht über die Einstellung der damaligen Zeit zu Liebe und Sexualität lustig. Dazu stellt er ganz gegensätzliche Aussagen und Einstellungen von Männern (als Stellvertreter gesellschaftlicher Gruppen: Adel, Klerus, Staat) und Frauen gegenüber."

Belege diese Deutung anhand der Strophen 2–4:
In den Strophen 2–4 wird ganz deutlich, wie sich der Dichter über die Männer lustig macht. Den Hofrat beschreibt er ... während die Hofrätin ...
Dasselbe passiert in der 3. Strophe ... In der 4. Strophe ...

5 Deute die letzte Strophe:
– Wie wird hier gesprochen? Was ist hier anders als zuvor?
– In welchem Verhältnis steht die letzte Strophe zu den vorangegangenen Strophen?

6 In Strophe 2 heißt es: „Die Hofrätin lächelt ironisch".
Wie deutest du diese Textstelle?
Verfasse einen kurzen inneren Monolog darüber, was der Hofrätin wohl durch den Kopf ging, als der Hofrat von platonischer Liebe sprach.

7 Schreibe unter Zuhilfenahme deiner Notizen eine vollständige Interpretation. Berücksichtige dazu den Schreibplan auf Seite 166 im Schülerband.

Das kann ich schon ...	☺	😐	☹
• Das Thema eines Gedichtes ermitteln.			
• Den Inhalt des Gedichts in eigenen Worten wiedergeben.			
• Sprachliche Mittel eines Gedichts herausfinden und beschreiben: Metaphern, Personifizierungen ...			
• Die Form eines Gedichts beschreiben: Reimarten, Verse, Strophen ...			
• Ein Gedicht im Zusammenhang schriftlich interpretieren.			

Sachtexte analysieren und die Ergebnisse schriftlich festhalten

Sachtexte nehmen in den Printmedien (Zeitungen, Sach- und Fachbücher, Nachschlagewerke) und im Internet einen großen Raum ein. Wenn du einen Sachtext erschließen und die Ergebnisse schriftlich vorstellen sollst, ist es ratsam, nach bestimmten Arbeitsschritten vorzugehen.

So könnte eine Aufgabenstellung lauten:

1. Analysiere den Text „Was Schüler über Lehrer sagen ...“. Gehe dabei so vor:
a) Formuliere eine Einleitung, in der du Textsorte, Titel, Autor und Thema benennst.
b) Nenne den Anlass, der zu dem Sachtext geführt hat.
c) Gib in wenigen Sätzen die verschiedenen Standpunkte zum Internet-Portal „spickmich“ wieder, die in dem Sachtext geäußert werden.
d) Erläutere an drei Textbeispielen, wie der Pressesprecher von „spickmich“ sowie das SchülerVZ die Harmlosigkeit der Internet-Portale begründen.
2. Eine Schülerin meint: „Ich habe mich schon so oft ungerecht bewertet gefühlt. Jetzt sollen die Lehrer mal am eigenen Leib erfahren, wie man sich dabei fühlt.“ Nimm Stellung dazu.

***Arbeitsschritt 1:** Den Arbeitsauftrag verstehen – Wissen, was man tun muss*

1 Markiere in der Aufgabenstellung die Anweisungen und mache dir klar, was von dir verlangt wird: *analysiere, formuliere ...*

***Arbeitsschritt 2:** Den Text lesen und verstehen – Sich klarmachen, worum es in dem Text geht, und dazu Lesemethoden nutzen*

2 Überfliege den Text und finde heraus, worum es geht:

Textsorte: ____________________

Autor/Quelle: ____________________

Titel: ____________________

Thema: ____________________

***Arbeitsschritt 3:** Die gestellten Aufgaben bearbeiten – Einen Schreibplan machen, den eigenen Text danach schreiben und überarbeiten*

3 Kreuze die richtige Antwort an: Anlass des Berichtes ist/sind ...
a) die übertriebene Reaktion der Lehrer auf Bewertungen durch Schüler, ☐
b) das Cybermobbing an einigen Schulen in Münster, ☐
c) die vielfältigen Möglichkeiten, seine Meinung im Internet zu sagen, ☐
d) die Zunahme des Cybermobbings und die Folgen für die Betroffenen. ☐

Was Schüler über Lehrer sagen ...

Streitfall Internet: Was Schüler dort über Lehrer schreiben, gibt bisweilen Anlass zu Ärger.

Münster – „Gesprächsthema Nummer eins auf den Pausenhöfen" sollen Schüler-Plattformen wie „SchülerVZ" oder „spickmich" zurzeit sein. Das ist und bleibt zwar eher ein Wunsch der Betreiber, für Aufregung sorgen die Internet-Portale aber allemal – auch in Münster. Nicht nur in den Schulen, nein, sogar bis in die Gerichtssäle dringen die Diskussionen um die Schüler-Communitys vor.

Der Deutsche Philologenverband umschreibt das Problem, um das es geht, mit dem neudeutschen Wort „Cybermobbing" – wenn Schüler ihre Lehrer im Internet beleidigen oder Verleumdungen über sie verbreiten. Und da den Pädagogen der Zutritt zu den genannten Portalen verweigert wird, bietet es sich für die Schüler natürlich an, nach Herzenslust über ihre Pauker zu lästern. Dass dabei so manches Mal moralische Grenzen überschritten werden, ist das eigentliche Problem: Lehrer, die mit Geschlechtsteilen verglichen oder auf übelste Art beleidigt werden; Lehrer, denen Besuche im Freudenhaus oder rassistische Denkweisen unterstellt werden – alles schon passiert.

Auch an münsterischen Schulen gab es mit „Cybermobbing" schon große Probleme. Der Direktor eines Gymnasiums, der namentlich nicht genannt werden möchte, berichtet von mindestens zwei Fällen, die ihm bekannt seien – davon einer an seiner Schule. Er sieht darin „ein gewaltiges Problem, das auf die Schulen zugekommen ist". Von anderen Schulen aus Münster sind ähnliche Töne zu hören, viele zeigen sich aber nicht so gesprächsbereit: Das Thema ist heikel.

„Das Problem ist erkannt, aber leider nicht gebannt", kommentiert Marianne Demmer von der Gewerkschaft Erziehung und Wissenschaft (GEW) die Situation und fordert einen „gemeinsam von Schülern, Lehrern und Eltern erarbeiteten verbindlichen Verhaltenskodex zum Umgang mit dem Internet". Ob das etwas hilft, ist fraglich – denn die genannten Internetseiten verfügen schon lange über einen bindenden Kodex.

Bernd Dicks, Pressesprecher bei „spickmich", sieht das alles nicht so schlimm. „Die Lehrer übertreiben ganz erheblich", findet er und klingt dabei fast schon empört. Im Vergleich zu den insgesamt angemeldeten Nutzern kämen solche Fälle enorm selten vor, und wenn, dann reagiere man natürlich entsprechend. Auch „SchülerVZ" hat ähnliche Erfahrungen gemacht, bestätigt eine Sprecherin, auch hier gebe es einen Verhaltenskodex. Und auch hier würden entdeckte Verstöße konsequent durch eine Verwarnung oder gar einen Rausschmiss bestraft.

Ein anderes Thema ist die bei Schülern durchaus beliebte Benotung von Lehrern im Internet, die „spickmich" ermöglicht. Was der Philologenverband auch schon in die Kategorie „Cybermobbing" steckt, nennt Bernd Dicks „freie Meinungsäußerung" und sieht sich durch die Urteile zweier Gerichte bestätigt. Doch eine Lehrerin klagt laut Dicks „nun schon recht beharrlich" immer wieder gegen die Urteile – auch Nachrichtenmagazine wie DER SPIEGEL titeln schon mit nicht verkennbarer Ironie: „Immer kräftig weiterklagen".

Dicks geht davon aus, dass die GEW dahintersteckte, was Demmer wiederum recht karg kommentiert: „Die GEW gibt Rechtsschutz, wenn Mitglieder dies beantragen." Dabei wundern sich die Betreiber immer wieder über die Reaktion der Lehrerverbände: „Die Schüler sind nicht so böse, wie sich die Lehrer das vorstellen", meint Dicks und verweist auf die in der Tat nicht schlechte Durchschnittsnote von 2,7. „Die Lehrer sollen nicht in den Schmutz gezogen werden." Man wolle lediglich die Möglichkeit zu anonymem Feedback geben.

Das wiederum scheint bei den Schülern gut anzukommen: Mittlerweile sind schon über 550000 Schüler bei „spickmich" registriert, davon ungefähr 4000 aus Münster und Umgebung. Und die Zahl wächst mit jedem Gerichtsurteil. Und auch die Eltern scheinen das Portal positiv zu sehen – zumindest geht das aus vielen Einträgen im Lehrer/Eltern-Diskussionsforum auf spickmich.de hervor.

Fabian Beutel

(Westfälische Nachrichten, 31. März 2008)

Kodex: *urspr. Gesetzbuch; hier: abgesprochene Verhaltensregeln*

Philologenverband: *Vereinigung von Gymnasiallehrern*

4 Notiere in Stichworten die im Text geäußerten Standpunkte zum Internetportal „spickmich“: Wer sagt etwas dazu? Welche Meinungen werden geäußert?

5 Markiere die Textstellen, in denen der Vertreter von „spickmich“ auf die Harmlosigkeit des Portals hinweist, und notiere die Aussagen in Stichworten.

Z. ____ : ____

Z. ____ : ____

Z. ____ : ____

6 Lies die Aufgabenstellung noch einmal und verwende sie als Schreibplan: Schreibe nacheinander Einleitung, Hauptteil und Schluss. Nutze dazu deine Vorarbeiten und Notizen. Für deinen Text kannst du die Formulierungen in der Randspalte nutzen.

» In der **Einleitung** (Punkt 1.a der Aufgabenstellung) nennst du Textsorte, Titel, Verfasser und Thema.

In dem Zeitungsbericht … von … geht es um das Problem …

» Im **Hauptteil** gehst du auf die Punkte 1.b, c und d der Aufgabenstellung ein, nennst den Anlass des Textes, gibst die verschiedenen Standpunkte wieder sowie drei Belege des Pressesprechers von „spickmich“, B. Dicks.

Anlass des Berichts sind Fälle von Cybermobbing …

Lehrerverbände, Lehrer und Rektoren sind der Meinung … Der Philologenverband vertritt z. B. die Ansicht …

Ganz anders sieht es Bernd Dicks, Pressesprecher bei „spickmich“: ...
Er führt folgende Argumente an: ...
Er begründet seine Behauptung, indem er ...

» Im **Schlussteil** gehst du auf den Punkt 2 der Aufgabenstellung ein und formulierst eine eigene Stellungnahme zur Meinung der Schülerin.

Eine Schülerin ist zum Thema „Cybermobbing“ der Meinung ...
Ich kann dieser Meinung voll / zum Teil / nicht zustimmen ...
Meiner Meinung nach ...
Zur Aussage der Schülerin kann ich klar sagen ...

7 Überprüfe, ob Fabian Beutel, der Verfasser des Textes, direkt oder indirekt Stellung bezieht zu den gegensätzlichen Meinungen. Achte dabei auf seine Formulierungen.

Das kann ich schon ...	☺	😐	☹
• Einen Sachtext überfliegen und das Thema erkennen.			
• Meinungen erkennen und in eigenen Worten wiedergeben.			
• Nach einem Schreibplan den Sachtext schriftlich vorstellen.			
• Meine Meinung zu Aussagen des Sachtextes äußern und begründen.			
• Wörter im Wörterbuch und Lexikon nachschlagen und die Informationen beim Lesen und Schreiben nutzen.			

Texte vergleichen, einen Textvergleich schreiben

Oft musst du in der Schule Texte analysieren, miteinander vergleichen und eine eigene Stellungnahme abgeben. Hier kannst du das noch einmal üben: Untersuche die beiden Texte und vergleiche sie. Mache dir Notizen. Am Ende sollst du mithilfe dieser Notizen einen zusammenhängenden Text schreiben.

1 Lies die beiden Texte aus einem Jugendmagazin für Deutschlerner. Finde heraus, um welches gemeinsame Thema es geht.

2 Fasse die wichtigsten Informationen aus beiden Texten zusammen. Mache dir Stichworte auf dem Notizzettel.

	Lauren	**Christian**
Alter		
Beruf		
Heimatland		
Aufenthaltsort in Deutschland		
Grund für den Gastaufenthalt		
Bemerkungen über ihre Sprach-kenntnisse		
Erfahrungen mit Deutschen		
Meinung über Deutschland		

Informationen aus Texten herausarbeiten, miteinander vergleichen und stichwortartig festhalten

LAUREN FONG
in Radolfzell

HEIMAT:	USA
ALTER:	23 Jahre
BERUF:	Umweltingenieurin
HOBBYS:	Chor, Theater, Tanzen, Klavierspielen, Reisen

Ich habe kein Wort Deutsch gesprochen, als ich nach Deutschland gekommen bin. Deshalb habe ich sofort einen Intensivkurs in einer Sprachschule gemacht. In den ersten Tagen habe ich beim Einkaufen oft mit dem Finger auf die Dinge gezeigt. Die Leute waren sehr nett. Es ist schön, dass Kommunikation manchmal nicht verbal ist! Einige Zeit später musste ich dann lachen, als ich mit einer Freundin im Bus war. Wir haben uns auf Englisch unterhalten. Neben uns waren ein paar Schüler, sie haben uns zugehört. Ein Mädchen hat dann ganz langsam auf Englisch gesagt: „Hello. Mynameis Stefanie.“ Das war süß. Ich dachte, genauso langsam spreche ich wahrscheinlich Deutsch.
Radolfzell ist eine schöne, kleine Stadt. Für den Anfang habe ich lieber in einer kleinen Stadt gewohnt. Dort ist alles überschaubarer. Außerdem ist der Bodensee sehr schön. Wir sind viel gewandert.
Ich bin durch ein Kulturaustauschprogramm nach Deutschland gekommen. Wir sind 75 Amerikaner, genauso viele Deutsche sind in den USA. Ich hatte gehört, dass Deutschland ein umweltbewusstes Land ist. Deshalb wollte ich dorthin. Als Umweltingenieurin interessiere ich mich für Umwelttechnologie. Ich denke, viele Deutsche sind wirklich umweltbewusst und naturverbunden. Meine Gastmutter hat zum Beispiel zu mir gesagt: „Vielleicht kannst du weniger oft Wäsche waschen.“ Das habe ich akzeptiert, es spart Wasser und Energie. In ihrem Hinterhof hat sie Gemüse angebaut, das hat sie frisch in den Salat gegeben. Die Mülltrennung hat mich aber nicht überrascht, das haben wir in Kalifornien auch.
Aber eines hat mich überrascht: Wir haben gehört, dass die Deutschen am Anfang nicht so freundlich sind und man mehr tun muss, um Freunde zu finden. Aber dann hat mich die erste Frau, die ich hier kennengelernt habe, gleich zu sich nach Hause eingeladen. Sie war eine Sprachlehrerin an meiner Schule. Das war sehr nett! Ich glaube, Generalisierungen über Kulturen und Leute sind nicht immer richtig.
Ich bin ein freundlicher Mensch, ich lächle jeden an. Aber ich glaube, das geht in Deutschland nicht immer. Es hat zum Glück noch keine großen Missverständnisse gegeben. Aber manche Leute haben komisch geschaut und sich gefragt: Warum lächelt die mich so an? Manche haben aber auch zurückgelächelt.

CHRISTIAN SALAZAR SOTO
in Siegburg

HEIMAT:	Chile
ALTER:	33 Jahre
BERUF:	Geologe
HOBBYS:	in den Bergen wandern, Basketball spielen, Filme schauen

Es war nicht meine eigene Idee, nach Deutschland zu kommen. Mein Professor aus Chile ist nach Heidelberg gegangen, und da war für mich klar: Ich gehe mit und schreibe dort meine Doktorarbeit. Meine Familie hat sich gefreut. „Perfekt“, haben sie gesagt. „Deutschland ist sicher und sauber. Das Leben dort ist super.“ So denken viele in Chile. Die meisten Menschen in Deutschland wissen nicht, wie gut sie es haben. Sie beschweren sich über viele Dinge – und sehen nicht, wie einfach das Leben hier ist.
Ich finde: In Deutschland ist nur die Sprache schwer. Die Grammatik ist sehr komplex. Als ich hier angekommen bin, konnte ich nicht einmal ein Brot auf Deutsch kaufen. Also habe ich fünf Wochen lang einen Sprachkurs gemacht. Aber viel gelernt habe ich dort nicht. Ich musste so viel arbeiten. Für deutsche Vokabeln hatte ich keine Zeit. Deshalb spreche ich nur wenig Deutsch. Aber hier kann jeder Englisch. Außerdem spricht meine Frau gut Deutsch. Zusammen kommen wir jetzt gut zurecht.
Am Anfang war nicht alles leicht. Denn hier muss man alles alleine organisieren. Wenn in Chile ein Ausländer an die Universität kommt, helfen ihm alle. Dort gibt es nicht viele Ausländer, deshalb ist man besonders. Hier sind sehr viele Ausländer – sie kommen und gehen. Das macht es nicht leicht, Freunde zu finden.
Ich habe auch deutsche Freunde. Aber meine besten Freunde kommen wie ich aus Lateinamerika. Wir sind uns ähnlicher. Meine deutschen Kollegen sind sehr nett, aber anders als ich. Wenn sie morgens zur Arbeit kommen, gehen sie gleich in ihr Büro. Nur ganz kurz sagen sie Hallo. In Chile hat man immer Zeit für ein Gespräch. Hier haben alle immer Stress.
Trotzdem lebe ich gerne in Deutschland. Das Alltagsleben ist einfach. Ich wohne in Siegburg. Die Stadt ist nicht groß. Aber man kann trotzdem alles kaufen, was man braucht. Das ist toll! In Chile geht das nur in der Hauptstadt und ein paar großen Städten. Jeden Tag fahre ich von Siegburg eineinhalb Stunden mit der Bahn nach Heidelberg. Die Züge sind pünktlich, schnell und sehr komfortabel. Ich verstehe nicht, wieso sich so viele über die Bahn beschweren. Es funktioniert doch alles!
Ich werde nicht in Deutschland bleiben. Als Geologe kann ich in Chile mehr Geld verdienen. Aber ich weiß schon jetzt: Wenn ich wieder in Chile bin, werde ich Deutschland vermissen.

Informationen aus Texten herausarbeiten, miteinander vergleichen und stichwortartig festhalten

3 Nutze deine Notizen und schreibe einen zusammenhängenden Text:

- Schreibe in der **Einleitung**, worum es in den Texten geht, woher sie stammen und wer sich äußert.

Die vorliegenden Texte stammen aus ____________________

Es geht in beiden Texten um ____________________

____

- Fasse die wichtigsten Informationen aus beiden Texten zusammen. Stelle dabei Gemeinsamkeiten und Unterschiede heraus.

Lauren Fong ist von Beruf __________ *und* __________ *Jahre alt.*

Sie kommt aus __________ *und lebt augenblicklich in* __________

Dort gefällt es ihr __________ *Sie ist nach Deutschland*

gekommen, weil ____________________

Am Anfang ihres Aufenthaltes waren ihre Sprachkenntnisse __________

____

Mit Deutschen hat sie gute Erfahrungen gemacht: __________

____

Aufgefallen ist ihr allerdings, dass ____________________

____

Christian Salazar Soto kommt aus __________ *, ist* __________ *Jahre alt und*

will in Deutschland ____________________

Er lebt zurzeit in ____________________

Ähnlich wie Lauren Fong hat er am Anfang wenig __________

Er hat auch deutsche Freunde, aber ____________________

____

Aufgefallen ist ihm ____________________

____

▸▸ Erläutere an einem Beispiel, dass Lauren Fong und Christian Salazar Soto unterschiedliche Meinungen über Deutschland haben.

Lauren Fong und Christian Salazar Soto haben unterschiedliche Erfahrungen mit Deutschen gemacht: Lauren Fong meint, dass die Deutschen

Dagegen glaubt Christian Salazar Soto, dass die Deutschen

▸▸ Nimm Stellung zu dem Zitat von Christian Salazar Soto:
„Die meisten Menschen in Deutschland wissen nicht, wie gut sie es haben. Sie beschweren sich über viele Dinge – und sehen nicht, wie einfach das Leben hier ist.“

Christian Salazar Soto sagt über die Deutschen:

Ich stimme ihm zu / teilweise zu / nicht zu, denn

4 Vergleiche Lauren Fongs und Christian Salazar Sotos Vorstellungen über Deutschland miteinander.
- Welche Generalisierungen (Vorurteile) über die Deutschen entdeckst du in beiden Texten?
- Nimm Stellung zum Zitat von Lauren Fong: „Ich glaube, Generalisierungen über Kulturen und Leute sind nicht immer richtig.“

Das kann ich schon ...	☺	😐	☹
• Aus verschiedenen Texten Informationen herausarbeiten und vergleichen.			
• Informationen in Form von Stichwörtern schriftlich festhalten.			
• Einen Textvergleich schreiben.			
• Eine begründete Stellungnahme zu einer Autorenmeinung abgeben.			

Sich etwas im Konjunktiv II ausmalen

1 In der folgenden Geschichte wird sehr oft der Konjunktiv II verwendet,
- ☐ weil etwas wiedergegeben wird, was ein anderer gesagt hat.
- ☐ weil von etwas Vorgestelltem, Nichtwirklichem die Rede ist.
- ☐ weil der Autor sich besonders höflich ausdrücken möchte.

Begründe deine Antwort mit Beispielen aus dem Text.

Bertolt Brecht

Wenn die Haifische Menschen wären

„Wenn die Haifische Menschen wären", fragte Herrn K. die kleine Tochter seiner Wirtin, „wären sie dann netter zu den kleinen Fischen?" – „Sicher", sagte er. „Wenn die Haifische Menschen wären, würden sie im Meer für die kleinen Fische gewaltige Kästen bauen lassen, mit allerhand Nahrung drin, sowohl Pflanzen als auch Tierzeug. Sie würden sorgen, daß die Kästen immer frisches Wasser hätten, und sie würden überhaupt allerhand sanitäre Maßnahmen treffen. Wenn zum Beispiel ein Fischlein sich die Flosse verletzen würde, dann würde ihm sogleich ein Verband gemacht, damit es den Haifischen nicht wegstürbe vor der Zeit. Damit die Fischlein nicht trübsinnig würden, gäbe es ab und zu große Wasserfeste; denn lustige Fischlein schmecken besser als trübsinnige. Es gäbe natürlich auch Schulen in den großen Kästen. In diesen Schulen würden die Fischlein lernen, wie man in den Rachen der Haifische schwimmt. Sie würden zum Beispiel Geographie brauchen, damit sie die großen Haifische, die faul irgendwo liegen, finden könnten. Die Hauptsache wäre natürlich die moralische Ausbildung der Fischlein. Sie würden unterrichtet werden, daß es das Größte und Schönste sei, wenn ein Fischlein sich freudig aufopfert, und daß sie alle an die Haifische glauben müßten, vor allem, wenn sie sagten, sie würden für eine schöne Zukunft sorgen. Man würde den Fischlein beibringen, daß diese Zukunft nur gesichert sei, wenn sie Gehorsam lernten. Vor allen niedrigen, materialistischen, egoistischen und marxistischen Neigungen müßten sich die Fischlein hüten und es sofort den Haifischen melden, wenn eines von ihnen solche Neigungen verriete. Wenn die Haifische Menschen wären, würden sie natürlich auch untereinander Kriege führen, um fremde Fischkästen und fremde Fischlein zu erobern. Die Kriege würden sie von ihren eigenen Fischlein führen lassen. Sie würden die Fischlein lehren, daß zwischen ihnen und den Fischlein der anderen Haifische ein riesiger Unterschied bestehe. Die Fischlein, würden sie verkünden, sind bekanntlich stumm, aber sie schweigen in ganz verschiedenen Sprachen und können einander daher unmöglich verstehen. Jedem Fischlein, das im Krieg ein paar andere Fischlein, feindliche, in anderer Sprache schweigende Fischlein tötete, würden sie einen kleinen Orden aus Seetang anheften und den Titel Held verleihen. Wenn die Haifische Menschen wären, gäbe es bei ihnen natürlich auch eine Kunst. Es gäbe schöne Bilder, auf denen die Zähne der Haifische in prächtigen Farben, ihre Rachen als reine Lustgärten, in denen es sich prächtig tummeln läßt, dargestellt wären. Die Theater auf dem Meeresgrund würden zeigen, wie heldenmütige Fischlein begeistert in die Haifischrachen schwimmen, und die Musik wäre so schön, daß die Fischlein unter ihren Klängen, die Kapelle voran, träumerisch und in allerangenehmste Gedanken eingelullt, in die Haifischrachen strömten. Auch eine Religion gäbe es da, wenn die Haifische Menschen wären. Sie würde lehren, daß die Fischlein erst im Bauch der Haifische richtig zu leben begännen. Übrigens würde es auch aufhören, wenn die Haifische Menschen wären, daß alle Fischlein, wie es jetzt ist, gleich sind. Einige von ihnen würden Ämter bekommen und über die anderen gesetzt werden. Die ein wenig größeren dürften sogar die kleineren auffressen. Das wäre für die Haifische nur angenehm, da sie dann selber öfter größere Brocken zu fressen bekämen. Und die größeren, Posten habenden Fischlein würden für die Ordnung unter den Fischlein sorgen, Lehrer, Offiziere, Ingenieure im Kastenbau usw. werden. Kurz, es gäbe überhaupt erst eine Kultur im Meer, wenn die Haifische Menschen wären."

2 Bertolt Brecht erzählt in seinem Gedankenspiel, wie die „großen (Hai-) Fische“ mit den „kleinen Fischlein“ umgehen – meint aber damit, wie Menschen mit Menschen umgehen. Was kritisiert er? Notiere einige Stichpunkte.

____

____

____

____

3 Brecht verwendet in seinem Text viele würde-Formen und einige Formen im Konjunktiv II. Markiere jeweils fünf Beispiele.

4 Mache ein ähnliches Gedankenspiel und stell dir vor, dass die Hunde Menschen wären. Verwende den Konjunktiv II oder würde-Formen:

Wenn die Hunde Menschen wären

Wenn Hunde Menschen wären, (den ganzen Tag vorm Fernsehen liegen und Chips essen)

______________________________.

Sie (tagelang am Computer sitzen und anderen Hunden beim Laufen zuschauen) ________

______________________________.

Sie (nicht mehr mit anderen Hunden draußen spielen) ______________________________

______________________________. Stattdessen (ihr Smartphone dabeihaben)

______________________________ und (jederzeit erreichbar sein)

______________________________. Sie (nicht mehr bellen)

______________________________, sondern (über *hundefacebook.de* Bilder rundschicken) ______________________________.

Wenn Hunde Menschen wären, (immer nach der neusten Mode kleiden und viel Geld ausgeben) ______________________________

______________________________.

5 Setze das Gedankenspiel im Konjunktiv II auf einem Zusatzblatt fort und beschreibe weitere Situationen, z. B. Kaufrausch, Urlaub, Arbeitsstress, Auto usw.

Nominalstil und Verbalstil

1 Lies den Anzeigentext für ein Schülerpraktikum und unterstreiche, welche Eigenschaften und Fähigkeiten die Praktikanten haben müssen.

Kraftfahrzeugmechatroniker/in

Auf einen Blick

Bereich: Schülerpraktikum
Ort: Bitburg
Plätze: geeignet ab Klasse 8

Beschreibung des Angebots

Im Autohaus Pelz erhalten Sie die Möglichkeit, das Berufsbild Kraftfahrzeugmechatroniker/in im Rahmen eines berufsorientierenden Praktikums kennenzulernen. Während des Praktikums führen Sie Hilfstätigkeiten aus und unterstützen so die Mitarbeiter in der Werkstatt. Als Praktikant/in sollten Sie folgende Fähigkeiten/Eigenschaften mitbringen:

- gute Mathematikkenntnisse/logisches Denken
- Motivation
- Sorgfalt und Genauigkeit
- Belastbarkeit (auch unter Stress)
- Teamfähigkeit
- Flexibilität.

Die Arbeitszeiten sprechen Sie bitte vor Beginn des Praktikums persönlich ab.
Bei Interesse an diesem Praktikum bewerben Sie sich bitte schriftlich oder per Mail.

2 Die Anforderungen sind in der Anzeige als Nominalisierungen formuliert. Formuliere die Anforderungen als Ratschläge und benutze dabei Verben.

Du solltest dich in Mathematik ______________________ und logisch ______________________. Du musst auch ______________________, ______________ und ______________ arbeiten. Auch unter Stress solltest du ______________________. Weiterhin ist es wichtig, dass du im Team ______________ kannst und ______________________ bist.

3 Formuliere auch die folgenden Anforderungen in Ratschläge um.

Buchhändler/in

Interesse an Büchern: Du musst dich ______________________

Freude am Umgang mit Menschen: Du solltest gern ______________________

____

Zuverlässigkeit: Außerdem musst du ______________________

Kaufmann/Kauffrau im Einzelhandel

Freundlichkeit: ______

passende Kleidung: ______

sprachliche Ausdrucksfähigkeit: Außerdem ______

______

4 Formuliere die gelb markierten adverbialen Bestimmungen (Nomen mit Präposition) in adverbiale Nebensätze (mit Konjunktionen) um.
In der Randspalte stehen passende Konjunktionen, mit denen du die Nebensätze einleiten kannst.

a) Während des Praktikums → *Während man das Praktikum macht,* ______ *während …*

führt man Hilfstätigkeiten aus.

b) Bei Problemen → ______ *wenn/falls …*

muss man den Meister fragen.

c) Wegen der Arbeit an der Kfz-Elektronik → ______ *weil …*

______ braucht man gute technische Kenntnisse.

______

d) Trotz aller Vorsichtsmaßnahmen → ______ *obwohl …*

______ ist der Kontakt mit Schmierstoffen nicht zu vermeiden.

e) Zum Schutz → ______ *damit …, um … zu …*

sollte man daher mit Handschuhen arbeiten.

f) Nach dem Praktikum → ______ *nachdem …*

______ weiß man genauer, ob der Beruf zu einem passt.

5 Der Sprachwissenschaftler Klaus Mackowiak meint, dass eine Nominalisierung „nicht so deutlich macht, wer wem was tut, sagt, verbietet o. Ä., wie ein Verb das vermag".
– Belege diese Aussage an folgendem Satz: *Die Betreuung der Praktikanten ist an der Schule gut organisiert.* Was bleibt hier unklar?
– Suche ähnliche Beispiele, in denen solche Unklarheiten stecken.

Der Gebrauch der Zeitformen in Texten

➔ *Hinweise zum Gebrauch der Zeiten in Texten findest du im Schülerband, S. 206/207.*

1 Lies den Anfang des folgenden Praktikumsberichts von Anne.
- Markiere alle Prädikate.
- Wie lauten die Infinitivformen der Verben?
- In welcher Zeitform stehen die Prädikate?
- Erkläre den Gebrauch der unterschiedlichen Zeiten im Text.

Das Prädikat ist „traf … ein". Die Infinitivform lautet „eintreffen". Hier steht das Präteritum, weil …

Praktikumsbericht – Girls' Day 2010

Praktikumsstelle: Feuerwehr Düsseldorf, Wache 8

Pünktlich um 7 Uhr morgens traf ich auf der Feuerwehrwache in Düsseldorf ein. Dort durfte ich zuerst bei der Dienstübernahme zusehen. Hierbei versammeln sich alle Feuerwehrmänner und werden in ihre Aufgaben eingewiesen. Ich stand unter anderem ziemlich im Mittelpunkt, da dieser Beruf noch immer eine starke Männerdomäne ist. Ich lernte die Kollegen und die Feuerwehr kennen und mir wurden die Fahrzeuge mitsamt Ausrüstung gezeigt. Es ist kaum zu glauben, wie viel Kram in so einen Wagen reinpasst. Alles hat seine Ordnung, die auch stets eingehalten werden muss. Für jedes Gebiet gibt es verschiedene Sachen. Damit die Feuerwehr auch bei jedem Problem helfen kann.

2 Lies die Fortsetzung des Praktikumsberichts und setze die Verben aus der Randspalte in der passenden Zeitform ein.

stattfinden	Von 8:15 bis 8:30 Uhr ________ die Dienstbesprechung ________.
besprechen	Dort ________ man der Tagesablauf und weitere dienstliche Angelegen-
versammeln	heiten. Danach ________ sich die Männer am langen Frühstückstisch.
bekommen	Auch ich ________ dort meine Mahlzeit. Direkt nach der kurzen Pause
gehen, dürfen	________ wir alle raus aufs Feuerwehrgelände und ich ________
löschen	selbst mit anpacken. Ich ________ auch einmal mit dem Feuerwehrschlauch!
zugeben	Ich ________, dass es enormen Spaß gemacht hat, so die Wiese zu
kennenlernen	wässern! Anschließend ________ ich dann auch das Tanklöschfahrzeug
können	besser ________. Wieder ________ ich Dinge ausüben, von denen
träumen	jeder kleine Junge ________. Löschen vom Dach des Tanklöschfahr-
	zeuges – auch das hat großen Spaß gemacht.
kommen, gefallen	Danach ________ eine Aktion, die mir mit am besten ________.
kennenlernen	Ich ________ den Wasserlüfter ________. Das ist eine Art
erzeugen	riesiger Ventilator, der Wind ________, um gefährlichen Rauch weg-
dürfen	zublasen. Um die Kraft des Wasserlüfters selbst zu entdecken, ________
	ich mich von dem monströsen Ventilator mal richtig durchwehen lassen.

Für mich ______ der Tag eine interessante und schöne Erfahrung. Auch wenn ich	*sein*
sagen ______, dass dieser Beruf sicherlich nie in die engere Wahl für mich	*müssen*
kommen wird. Ich ______, man muss ein ganz besonderer Typ von	*denken*
Mensch sein, um bei der Feuerwehr arbeiten zu können, da wichtige Charakter-	
eigenschaften wie Ruhe oder Reaktionsfähigkeit vorhanden sein müssen.	
Mir ______ eigentlich nichts Spezielles ______, was mir nicht gefallen hat.	*auffallen*
Aber es gibt eine Sache, die mir besonders an diesem Tag klar geworden ist. Ein Feu-	
erwehrmann ______ viel mehr leisten, als nur einen einzelnen Brand zu löschen.	*müssen*
Viel öfter ______ sie Menschen bei Autounfällen oder ______	*retten, helfen*
auch verletzten Tieren. Man ______ ebenfalls die Möglichkeit, sich auf kleinere	*haben*
Gebiete zu spezialisieren und dort eingesetzt zu werden. Ein Feuerwehrmann muss	
quasi ein echter Allrounder und auf jedes mögliche Problem vorbereitet sein. Und	
wenn man ______, dass es schon bei den einzelnen Bränden tausend	*bedenken*
verschiedene Löscharten gibt, kann man sich gut vorstellen, was alles in den Kopf	
eines Feuerwehrmanns passen muss. Das habe ich vor allem am 22. April gelernt und	
ich ______, dass zukünftig der Beruf nicht als weniger anspruchsvoll	*hoffen*
gesehen wird als beispielsweise der einen Arztes.	

3 Vergleicht eure Lösungen und sprecht darüber, warum ihr welche Zeitform gewählt habt.

4 Anne erzählt ihrer Freundin, was sie im Praktikum alles gemacht hat.
Lies noch einmal ihren Praktikumsbericht und fülle die Sprechblasen aus.

Ich habe an einer Dienstbesprechung teilgenommen.

Ich habe

5 Warum benutzt Anne im Gespräch eher das Perfekt?

Gedankenbrücken: Haupt- und Nebensätze

1 Lies, was zwei Schülerinnen über die Schule und ihre Zukunft denken.

a) Setze im Text von Marieke die passenden Konjunktionen ein: ***weil, damit, um zu, obwohl, wenn***. Achte auf die Groß- und Kleinschreibung.

Bald müssen wir ein Praktikum machen, ________ sehen, welcher Job uns gefällt. ________ ich lieber in ein Designerbüro gehen würde, werde ich mir vielleicht zunächst eine Anwaltskanzlei angucken. Auf jeden Fall will ich das Abi bestehen, ________ ich studieren kann und ________ meine Eltern das erwarten. Aber ich glaube, dass man genauso zufrieden sein kann, ________ man kein Abitur hat. Handwerker werden schließlich immer gebraucht. Es geht ja nicht nur um Kohle, sondern auch darum, wie man sein Leben am schönsten findet. *Marieke*

b) Lies den Text von Noa-Lin und verbinde die blau gedruckten Sätze mit den angegebenen Konjunktionen.

Ohne viele Leute um mich herum/Das wäre ungewohnt. (wenn) *Wenn nicht viele Leute um mich herum sind,* ________. Zu Hause habe ich elf Geschwister. Nachmittags lerne ich die Gebärdensprache./Mein Traumberuf ist Taubstummenlehrerin. (weil) ________________________ Das ist gar nicht so schwer, wie man denkt! Viel leichter als zum Beispiel im Spanischunterricht. Ich habe eine Mail-Adresse./Den PC benutze ich eher selten. (obwohl) ________________________. Bei Facebook oder so findet man mich nicht./Meine Familie ist mir Social Network genug! (weil) ________________________ *Noa-Lin*

2 Was denkt Marvin über die Schule? Verbinde die blau gedruckten Sätze mit passenden Konjunktionen. Achte auf die Hinweise, die hinter den Sätzen in Klammern stehen, und nutze das Konjunktionenrad im Schülerband, S. 209. Vergiss die Kommas nicht. Schreibe die Lösung auf ein Zusatzblatt.

Zum Lernen habe ich nicht immer Lust, vor allem nicht auf Deutsch und Englisch. Im Moment komme ich damit trotzdem ganz gut klar./Die Lehrer sind nett und können geduldig erklären. (Grund) Ich habe keinen Nerv auf Hausaufgaben./Meine Mutter ist da ganz schön hinterher. (Bedingung) Ich habe nicht alles weggearbeitet./Ich darf keine Freunde treffen. (Zeit)
Mein Tipp an die Lehrer: Lasst die Klasse gar nicht erst laut werden! Und nehmt Aufgaben mit für alle Schüler, die Stress suchen. *Marvin*

3 Saskia hat ein Praktikum als Ausgrabungshelferin gemacht.
- Lies ihren Praktikumsbericht und setze in die Lücken die passenden Verbindungswörter ein: ***als, während, weil, da, um zu, obwohl, damit, wenn, sodass, nachdem***. Achte auf die Groß- und Kleinschreibung.
- Vergleicht anschließend eure Lösungen.

Spaß als Archäologin: tot oder lebendig!

Mein Schülerbetriebspraktikum absolvierte ich in der Firma „Fundort – Büro für Archäologie“ in Köln. Den Beruf der Archäologin habe ich mir ausgesucht, ________ ich mich sehr für Geschichte interessiere. Dieses Praktikum habe ich gemacht, ________ in diesen Beruf hinein___schnuppern. ________ ich das Praktikum machte, waren alle Mitarbeiter sehr freundlich zu mir. Leider begann meine Praktikumszeit ausgerechnet erst dann, ________ die große Ausgrabung auf dem Kölner Alter Markt im Zuge des U-Bahn-Ausbaus beendet war. Die Ausgrabungen dort waren also abgeschlossen, ________ ich hauptsächlich im Innendienst tätig war und mich um die ausgegrabenen Fundgegenstände kümmern musste. Das Reinigen der Fundstücke war manchmal sehr mühsam, ________ man bei empfindlichen Gegenständen, wie z. B. bei Scherben oder Knochen, sehr behutsam und mit viel Fingerspitzengefühl arbeiten musste. ________ keine richtige Ausgrabung stattfand, hatte ich viel Abwechslung. ________ einige Zeit vergangen war, kam ich doch noch auf eine Ausgrabung nach Aachen, wo ich auch richtig mit anpacken musste. Meine Arbeitskollegen gingen sogar mit mir ins Römisch-Germanische Museum, ________ ich mir im Rahmen der aktuellen Ausstellung die Funde anschauen konnte, die sie vor meiner Praktikumszeit gemacht hatten. ________ man sich für Geschichte interessiert und sich nicht zu schade ist, sich die Finger schmutzig zu machen, ist der Betrieb genau das Richtige.

Saskia

Praktikanten helfen bei Ausgrabungsarbeiten

4 Was sollte man bei einem Betriebspraktikum beachten? Gib Tipps und ergänze die folgenden Sätze. Arbeite auf einem Zusatzblatt.
Ein Praktikum während der Schulzeit macht man, damit …
Wenn man den gewünschten Praktikumsplatz nicht bekommt, …
Bevor man ein Praktikum beginnt, …
Während man das Praktikum absolviert, …
Nachdem man das Praktikum gemacht hat, …

5 Überarbeite deinen Text und ändere bei einigen Satzgefügen die Satzstellung: Stelle den Nebensatz hinter den Hauptsatz.

Bedingungen formulieren: wenn ..., dann ...

Hausaufgaben in der Diskussion

Schüler würden sie sofort abschaffen – und manche Eltern auch. Es gibt auch Lehrer, die fordern: Weg mit den Hausaufgaben! Etwa 1500 Stunden sitzen deutsche Schüler bis zur 10. Klasse an ihren Hausaufgaben.
In einem Artikel im Magazin FOCUS plädiert der Erziehungswissenschaftler Hans Gängler für eine Reform der klassischen Hausaufgaben. Nur wenn man die Hausaufgaben an die neuen schulischen Bedingungen anpasst, hält Gängler sie für sinnvoll. „Wenn Schüler den Stoff vormittags nicht begriffen haben, bringen klassische Hausaufgaben wenig oder gar nichts." Gängler meint, Hausaufgaben seien nur vertretbar, wenn sie zur gezielten Wiederholung des Stoffs eingesetzt würden.

1 Lies den Text und markiere die Wenn-dann-Sätze (Bedingungssätze). Unter welcher Bedingung hält Hans Gängler Hausaufgaben für sinnvoll?

Hausaufgaben sind dann sinnvoll, ______________________________

____

____

2 Auch der Bildungsforscher Ulrich Trautwein hält Hausaufgaben nur unter bestimmten Bedingungen für nützlich. Verbindet die Haupt- und Bedingungssätze zu sinnvollen Satzgefügen:

Wenn Schüler Hausaufgaben als interessant und nützlich empfinden,	bringen sie wenig.
Wenn Hausaufgaben auf Druck der Eltern gemacht werden,	dann läuft etwas schief.
Wenn Kinder selbst um Hilfe fragen,	dann ist es okay, sie zu unterstützen.
Wenn Kinder aber ständig Unterstützung brauchen,	erledigen sie diese sorgfältiger.

3 Vergleicht eure Lösungen. Welchen Sätzen würdet ihr eher zustimmen? Welchen nicht? Warum?

4 Formuliere mithilfe der Tabelle eigenständig Bedingungssätze:

Bedingung: wenn ...	**Folge: dann ...**
a) Der Schüler versteht die Hausaufgaben nicht.	Er kann die Hausaufgaben gemeinsam mit anderen machen.
b) Der Schüler schafft die Hausaufgaben nicht allein.	Er kann den Lehrer fragen.
c) Der Schüler fühlt sich unsicher.	Er kann den Stoff noch einmal wiederholen und üben.
d) Im Unterricht ging alles zu schnell.	Er kann in seinem eigenen Tempo arbeiten.

Das „dann" wird im Satz häufig eingespart. Man setzt es „in Gedanken".

a) Wenn der Schüler die Hausaufgaben nicht versteht,

(dann) kann er den Lehrer ____.

b) Wenn der Schüler die Hausaufgaben ____________________________________,

____.

c) Wenn ____,

____.

d) ____,

____.

Checkliste für sinnvolle Hausaufgaben

- Helle, ruhige Räume sowie ein aufgeräumter Schreibtisch unterstützen die Konzentration.
- Ein fixer Termin im Tagesablauf ist hilfreich. So vergisst man keine Hausaufgaben.
- Bei längerer Arbeit unbedingt Entspannungsphasen einbauen. Auf ausreichend Frischluft und Flüssigkeitsaufnahme achten.
- Mit den leichteren oder interessanteren Aufgaben beginnen und dann die schwierigeren oder ungeliebten Aufgaben erledigen. Dann ist man motivierter.

5 Formuliere auf einem Zusatzblatt Tipps für sinnvolle Hausaufgaben.
– Gehe von der Checkliste aus und formuliere Bedingungssätze:
Wenn Schüler ihren eigenen Arbeitsplatz haben, ...
Wenn festgelegt wird, wann Hausaufgaben erledigt werden, ...
Wenn Schüler länger arbeiten, ...
Wenn man mit leichteren oder interessanteren Aufgaben beginnt, ...
– Ergänze die Tipps mit eigenen Ideen.
– Überlege, welche Tipps sich besser anhören, wenn der Bedingungssatz nach dem Hauptsatz steht.

Einen Text sprachlich überarbeiten

1 Überarbeitet den Brief von Justin an die Schulministerin auf Seite 53 in Partnerarbeit.

a) Überprüft anhand der Checkliste, was verändert werden muss:

Checkliste: Einen (sachlichen) Brief überarbeiten	☺	😐	☹
• Richtige Anredeform gewählt?			
• Ort und Datum angegeben?			
• Anredepronomen großgeschrieben?			
• Brief übersichtlich gegliedert, Abschnitte gemacht?			
• In der Einleitung gesagt, worum es im Brief gehen soll?			
• Argumente überzeugend vorgebracht?			
• Anliegen am Schluss des Briefes noch einmal wiederholt und verstärkt?			
• Grußformel am Ende des Briefes passend?			

b) Achtet besonders auf die Satzgefüge: Justin hat oft vergessen, die Nebensätze durch Kommas zu markieren, und an einigen Stellen die Konjunktion „dass" falsch geschrieben.

- Unterstreicht alle Nebensätze und ergänzt die fehlenden Kommas.
- Überlegt, wo man die Reihenfolge von Haupt- und Nebensatz verändern könnte.
- Ersetzt die umgangssprachlichen Formulierungen durch schriftsprachlich angemessenere.

c) Sprecht über die Kommentare in der Randspalte und überlegt euch Lösungen.

2 Schreibt nun Justins Brief neu auf ein Zusatzblatt.

- Berücksichtigt die Überarbeitungshinweise, die sich aus Aufgabe 1 ergeben haben.
- Formuliert Justins Meinung möglichst genau. Ihr könnt dazu Verben aus dem Wortfeld „meinen" auswählen. Alle diese Verben stehen mit der Konjunktion „dass": *ich meine, dass ...*

meinen denken glauben der Ansicht sein finden bezweifeln skeptisch sein vermuten befürchten erwarten hoffen ...

3 Stelle eine Tippliste zusammen: Wie schreibt man einen offiziellen Brief?

1. Tipp: Achte auf die Anrede!
Die Standardformeln für offizielle Briefe lauten:
„Sehr geehrte Frau ...," oder „Sehr geehrter Herr ...,"
Mit diesen Formulierungen machst du nichts falsch.
2. Tipp: Werde nicht zu persönlich!
...

Hallo Frau Schulministerin!

Ich schreibe einen Brief an sie, weil ich denke das wir zu viele Hausaufgaben aufbekommen. Wahrscheinlich sind sie da anderer Meinung, ich versuche aber trotzdem sie davon zu überzeugen. Normal sind Hausaufgaben ja dafür da das man was lernt und den Stoff aus der Schule wiederholt, aber da die Lehrer sich oft nicht untereinander absprechen oder Hausaufgaben aufgeben die unklar sind, bringt das nicht so viel. Denn wenn man zu viel aufhat und dann unkonzentriert und genervt vor den Hausaufgaben sitzt bringt es gar nichts sie zu machen und dadurch lernt man auch nicht mehr.

Man könnte viel besser weniger aufgeben. So wäre der Effekt den man durch Hausaufgaben erzielen will genauso gut, wenn nicht sogar noch größer. Wenn Schüler fleißig arbeiten dauern Hausaufgaben an manchen Tagen über mehrere Stunden, wenn man dann keine Zeit mehr zum Lernen oder für die Nachhilfe hat ist es echt problematisch. Unter anderem für Leute die in einem Verein sind z. B. wie bei mir im Sportverein, ist es ein großes Problem. Diese Leute können dann nicht zum Training und manchmal auch nicht zum Spiel, weil einfach so viele Hausaufgaben auf sind. Dennoch finde ich man sollte zwar welche aufgeben, weil es sinnvoll ist, doch man sollte nicht übertreiben.

Jugendliche sollen immer noch Zeit für Hobbys und andere Sachen haben.

Außerdem wenn man die HA nicht versteht werten die Lehrer das genauso als hätte man es vergessen. Ich weiß ja nicht ob sie eigene Kinder haben, aber sie waren ja jedenfalls auch in der Schule. Wenn sie auch viel aufbekommen haben wissen sie ja was ich meine. Also bitte ich sie darum, sich dafür einzusetzen das es nicht so weitergeht und das wir weniger Hausaufgaben aufbekommen.

Alles Liebe

Justin

Hier fehlt das Komma vor dem Nebensatz. Nach Verben des Sagens, Meinens und Fühlen steht ein dass-Satz (Objektsatz).

Dies ist ein Folgesatz: Wie schreibt man die Konjunktion?

Hier musst du dich genauer ausdrücken: Was ist mit „das“ gemeint?

Formuliere um: Es wäre viel besser, ...

Beginne hier einen neuen Satz und stelle den Hauptsatz an den Anfang.

Leute, Leute ... Wer ist eigentlich gemeint? Suche ein passenderes Wort.

Hier formulierst du so, wie man spricht: Formuliere so, dass jetzt ein zusätzliches Argument kommt.

Vermeide die Wiederholung von „aufbekommen“.

Die Meinung anderer wiedergeben

1 Lies den Zeitungsbericht über Mobbing in der Schule. Der Text ist unvollständig. Versuche herauszufinden, welches Zitat du an den jeweiligen Stellen einfügen kannst. Nummeriere die Sprechblasen entsprechend.

Der tägliche Terror

Es gibt viele Formen von Mobbing in der Schule. Öffentlich bekannt werden meist Fälle, bei denen offene Gewalt im Spiel ist: Kinder werden von Mitschülern geschlagen oder getreten. Ihre Schulsachen werden beschädigt oder ihnen werden Dinge einfach weggenommen. Doch es gibt noch viel mehr Mobbing-Fälle, in denen solche äußeren Anzeichen fehlen.

Noch häufiger müssen Mobbing-Opfer verbale Gewalt und Ausgrenzung erleiden. Johann Haffner, Psychologe in der Kinder- und Jugendpsychiatrie der Universität Heidelberg, führt aus: (Zitat 1) Dabei ist nicht jedes Hänseln oder jeder Streit automatisch Mobbing. Der Psychologe fasst zusammen: (Zitat 2) Als weiteres Kriterium komme hinzu, dass (Zitat 3)

„Der Anlass für die Schikanen ist meist willkürlich gewählt", berichtet Haffner. (Zitat 4)

Jo-Jacqueline Eckardt, Autorin des Buches „Mobbing bei Kindern", weist darauf hin, dass (Zitat 5) Der Angreifer möchte demnach zum Beispiel Macht ausüben oder sich in der Gruppe profilieren. Meist spielen daher auch andere Schüler eine wichtige Rolle. Sei es als Publikum, Mitläufer oder Mittäter. Die wiederholten Angriffe verletzen die Opfer und demütigen sie. Die Buchautorin führt aus, dass (Zitat 6)

Anja Schäfers

„Dabei werden Kinder zum Beispiel beschimpft oder lächerlich gemacht. Es werden Lügen über sie in Umlauf gesetzt oder ihre Mitschüler reden nicht mehr mit ihnen."

„Davon spricht man erst, wenn jemand über einen Zeitraum von mehreren Wochen oder Monaten systematisch schikaniert wird."

„Ein Schwächerer steht einem überlegenen Einzelnen oder einer ganzen Gruppe gegenüber."

„Der tiefere Grund für das Mobbing hat mehr mit dem Angreifer zu tun als mit dem Opfer."

„Vielleicht ist ein Schüler neu in der Klasse, trägt eine Brille oder spricht mit einem anderen Dialekt."

Johann Haffner

Jo-Jacqueline Eckardt

„Oft schämen sie sich dafür und suchen die Schuld für das Mobbing bei sich. Viele Kinder ziehen sich nach Angriffen zurück und verheimlichen ihr Leiden. In manchen Fällen kommt auch der Druck der Täter hinzu, niemandem etwas über die Vorfälle zu berichten."

→ *Hinweise auf die Verwendung des Konjunktivs II bei der indirekten Rede findest du auf S. 60.*

2 Überarbeite den Text und füge die Meinungen der Experten ein. Achte darauf, ob du die Expertenmeinungen wörtlich zitieren oder indirekt (im Konjunktiv I bzw. Konjunktiv II) wiedergeben musst.

Es gibt viele Formen von Mobbing in der Schule. Öffentlich bekannt werden meist Fälle, bei denen offene Gewalt im Spiel ist: Kinder werden von Mitschülern geschlagen oder getreten. Ihre Schulsachen werden beschädigt oder ihnen werden Dinge einfach weggenommen. Doch es gibt noch viel mehr Mobbing-Fälle, in denen solche äußeren Anzeichen fehlen.
Noch häufiger müssen Mobbing-Opfer verbale Gewalt und Ausgrenzung erleiden. Johann Haffner, Psychologe in der Kinder- und Jugendpsychiatrie der Universität Heidelberg, führt aus:

____

____

Dabei ist nicht jedes Hänseln oder jeder Streit automatisch Mobbing. Der Psychologe fasst zusammen:

____

____

Als weiteres Kriterium komme hinzu, dass ____________________

____

„Der Anlass für die Schikanen ist meist willkürlich gewählt“, berichtet Haffner.

____

____

Jo-Jacqueline Eckardt, Autorin des Buches „Mobbing bei Kindern“, weist darauf

hin, dass __________________________________

____

Der Angreifer möchte demnach zum Beispiel Macht ausüben oder sich in der Gruppe profilieren. Meist spielen daher auch andere Schüler eine wichtige Rolle. Sei es als Publikum, Mitläufer oder Mittäter.
Die wiederholten Angriffe verletzen die Opfer und demütigen sie. Die Buchautorin

führt aus, dass ______________________________

____

____

____

Zeichen setzen und darüber nachdenken

1 Lies den ersten Teil eines Artikels aus einem Jugendmagazin.
Arbeitet zu zweit und erklärt die Satzzeichen. Nutzt den Überblick im Schülerband (S. 218) und nennt die entsprechende Regel in Kurzform.

Anke Dörrzapf

Liebe auf den ersten Klick

Der Doppelpunkt steht vor Ankündigungen. Nach dem Doppelpunkt wird großgeschrieben, weil …

Das Thema ist der Albtraum der meisten Eltern: Sohn oder Tochter verlieben sich übers Internet. Denn als sie selbst jung waren, gab es diese Möglichkeit des Kennenlernens noch nicht. Für viele Jugendliche dagegen ist es heute normal, im Netz Fotos auszutauschen, für die Schule zu recherchieren – und eben neue Kontakte zu knüpfen.
Dazu muss man sich gar nicht – wie das Erwachsene gern tun – bei Agenturen anmelden, die Leuten bei der Partnersuche helfen. Die beliebtesten Adressen von Jugendlichen sind soziale Netzwerke wie SchülerVZ, Myspace oder Facebook. Schließlich ist dort fast jeder: 84 Prozent der 12- bis 19-Jährigen besuchen die Online-Netzwerke regelmäßig, bei den bis zu 13-Jährigen sind es immerhin auch schon 70 Prozent.

2 Setze an den markierten Stellen die passenden Satzzeichen ein.
Begründe deine Entscheidung mit den Regeln (Schülerband Seite 218).

Ganz praktisch ist ___ dass man dort unauffällig mehr über die oder den Angebeteten aus der Schule erfahren kann ___ Welche Musik er oder sie mag ___ zum Beispiel. Wenn es darum geht ___ das Traummädchen aus der Parallelklasse anzusprechen ___ kann das Internet durchaus hilfreich sein ___ Es fällt manchem Jungen leichter ___ ihr einfach eine Nachricht zu schicken ___ als mit zittrigen Knien vor der Angebeteten zu stehen und keinen Satz herauszubringen ___ Oder er spricht sie einfach im Chat auf ihre Interessen an ___ Welchen Fußballverein findet sie gut ___ welche Band steht bei ihr gerade hoch im Kurs ___
Er muss noch nicht mal überlegen ___ was er anzieht ___ sondern sitzt bequem zu Hause in der Jogginghose. Natürlich gilt auch im Internet: nicht zu viel preisgeben. Also sich bitte nicht bei SchülerVZ im Bikini-Foto präsentieren. Schließlich würde auch niemand in diesem Outfit über den Schulhof stolzieren.
Was ihr ins Internet stellt ___ muss gut überlegt sein ___ denn das Netz vergisst nichts. So googeln beispielsweise Chefs regelmäßig Bewerber. Wenn sie dabei bei einem Kandidaten auf die Gruppe „Schule schwänzen“ stoßen ___ macht sich das nicht so gut ___ Außerdem können im Netz veröffentlichte Fotos weitergeleitet werden und an anderer Stelle wieder auftauchen. Es sollten also auf keinen Fall Bilder ___ Adressen und Telefonnummern freigegeben werden ___ die Fremde nicht einsehen sollten. Heikel wird es ___ wenn ihr euch im Internet für jemanden interessiert ___ den ihr nicht aus dem echten Leben kennt. Spätestens dann müsst ihr sehr vorsichtig sein. Schließlich kann hinter dem unbekannten 14-Jährigen mit dem guten Musikgeschmack ein Erwachsener mit bösen Absichten stecken. Foto und Name sind ganz leicht zu fälschen.

3 In den Tipps zum sicheren Surfen fehlen wichtige Nebensätze.
- Ergänze die Tipps mit den passenden Informationen und formuliere Relativsätze oder Bedingungssätze (wenn-Sätze).
- Setze zwischen Haupt- und Nebensatz ein Komma.

Tipps zum sicheren Surfen

1. Schütze deine Privatsphäre. Überlege dir genau, welche Informationen du über dich ins Internet stellst. Poste keine Bilder oder Texte, die später ________________________________.
Persönliche Daten wie Name, Adresse, Handynummer, Passwörter etc. behältst du lieber für dich. Nutze in deinen Communities die Einstellungen zur „Privatsphäre" ________________________________.

2. Nicht alles ist wahr. Sei misstrauisch bei Behauptungen ________________________________.
Checke Infos aus dem Internet daher besser mehrfach.

3. Urheberrechte beachten. Das Anbieten und Weiterverwenden von Musik, Videos, Bildern und Software ist – ohne Einwilligung der Urheber/innen – verboten. Mehrere Tausend Euro Strafe können die unschöne Folge sein. Führe immer eine Quellenangabe an ________________________________.

4. Das Recht am eigenen Bild. Die Verbreitung von Fotos oder Videos ________________________________ ist meist nicht erlaubt.

5. Umsonst gibt's nichts. Auch im Internet ist selten etwas wirklich kostenlos. Sei bei „Gratis"-Angeboten stets misstrauisch ________________________________.

6. Wenn dir etwas komisch vorkommt, sag es. Wenn du einmal kein gutes Gefühl beim Surfen hast, sprich darüber mit Erwachsenen ________________________________. Antworte nicht auf Nachrichten ________________________________.
Bei www.rataufdraht.at erhältst du kostenlos, anonym und rund um die Uhr telefonische Hilfe ________________________________.

Bilder oder Texte könnten später einmal gegen dich verwendet werden.

Fremde sollen nichts über dich erfahren.

Behauptungen sind komisch oder gar bedrohlich.

Du verwendest Textteile anderer Autor/innen.

Fotos oder Videos findest du im Netz.

Du musst dich mit Namen und Adresse registrieren.

Du vertraust Erwachsenen. Nachrichten sind komisch und bedrohlich.

Du weißt nicht mehr weiter.

4 Überlege, mit welchen Satzzeichen (Doppelpunkt, Gedankenstrich, Ausrufezeichen) du die Aussage der Tipps zum sicheren Surfen noch besser verdeutlichen kannst, ohne die Sätze umzuformen: *Schütze deine Privatsphäre:* ... *Nicht alles ist wahr!* ... *– und rund um die Uhr –* ...
Vergleicht anschließend eure Vorschläge.

Überprüfe dein Wissen und Können

Passiv erkennen und gebrauchen

Alle gegen einen – Mobbing an Schulen

Wenn Konflikte und Streitereien gar nicht aufhören, macht es keinen Spaß mehr, in die Schule zu gehen. Manche Schüler werden ständig ausgegrenzt und fertiggemacht. Von Mobbing ist die Rede, wenn jemand immer wieder gezielt gedemütigt und/oder angefeindet wird. Wie erkennst du Mobbing – und was kannst du dagegen tun?
Das Wort „Mobbing“ kommt aus dem Englischen und heißt übersetzt „anpöbeln“ und „fertigmachen“. Das kann auf unterschiedliche Arten geschehen. Zum Beispiel wenn alles, was ein Schüler sagt, scharf kritisiert oder einfach lächerlich gemacht wird. Oder der Schüler von allen geschnitten und völlig ignoriert wird. Auch erfundene Geschichten und Lästereien werden verbreitet, um Schüler bloßzustellen, und man verpasst ihnen boshafte, erniedrigende „Spitznamen“. Mobbing kann sich im Extremen zu Straftaten wie Erpressung und körperlicher Gewalt steigern. Die Täter zwingen etwa ihr Opfer, sein Taschengeld abzugeben, drohen ihm Gewalt an oder verprügeln es sogar regelmäßig. Mobbing geschieht immer gezielt über längere Zeit und geht über die normalen Schulkonflikte hinaus.
Gibt es an deiner Schule Mobbing? Kennst du Betroffene, oder bist du selbst betroffen? Dann sieh nicht weg und such dir Hilfe! Mobbing kann oft nur professionell gelöst werden. Ausgebildete Lehrer und Psychologen können dir oder anderen dabei helfen, aus der Situation herauszukommen. Sprich mit deinen Eltern darüber, und wende dich am besten an deinen Vertrauenslehrer oder an Beratungsstellen. *Carola Beck*

1 Lies den Artikel über Mobbing an Schulen. Unterstreiche alle Passivformen.

2 Die unterstrichenen Sätze stehen im Passiv,
- ☐ weil es in diesem Zusammenhang unwichtig ist, wer die Handlungen ausführt,
- ☐ weil Mobbing-Opfer sich nicht wehren,
- ☐ weil der Vorgang betont werden soll.

3 Erstelle eine Checkliste „Mobbing“ in Form eines Fragebogens. Formuliere dazu die folgenden Aussagen von Schülerinnen und Schülern in Passivsätze im Präsens um.
- „Die anderen Schüler lachen mich immer aus.“
- „Jemand aus meiner Klasse versteckt regelmäßig Sachen von mir.“
- „Ein Mitschüler hat mich schon mehrmals bedroht.“
- „Einige Mitschüler verbreiten bösartige Gerüchte über mich.“
- „Ein Mitschüler hat mich schon einmal erpresst und unter Druck gesetzt.“
- „Wenn ich mich zu einer Gruppe dazustelle, verstummen alle wie auf Kommando.“
- „Wenn sie sich verabreden, laden sie mich nie zu ihren Partys ein.“
- „Eine Mitschülerin macht immer blöde Bemerkungen über meine Kleidung.“

Checkliste „Mobbing“

Die Checkliste bietet eine Hilfe, herauszufinden, ob Mobbing vorliegt. Jede mit „Ja“ beantwortete Frage auf deiner Checkliste sollte dich hellhörig machen und auffordern, mit einem Lehrer deines Vertrauens oder mit deinen Eltern zu sprechen. Mobbing in der Schule muss im Keim erstickt werden. Mobbing geht alle an!

	Ja	Nein
1. *Wirst du von den anderen Schülern häufig ausgelacht?*	☐	☐
2. *Wirst du von Mitschülern öfters*	☐	☐
3. …	☐	☐

4 Ergänze die Checkliste mit Informationen aus dem Text und aus dem Internet.

Gebrauch der Zeitformen in Texten

1 Lies den Zeitungsbericht über eine Preisverleihung für Zivilcourage. Setze die Infinitive in der Randspalte in die Lücken ein. Welche Verben müssen im Präsens stehen, welche im Präteritum?

Innenminister verlieh Preise für Zivilcourage

Innenminister Karl Peter Bruch hat den „Preis für Zivilcourage" verliehen. „Wir	
__________ Menschen ________, die in Notlagen besondere Zivilcourage gezeigt	*auszeichnen*
und sich für andere eingesetzt haben", so Bruch in seiner Rede. „Zivilcourage	
_____ Mut im täglichen Leben, eine unerschrockene Haltung, ein entschlossenes	*sein*
Verhalten im Alltag. Sie ________ aber gerade nichts mit falsch verstandenem Hel-	*zu tun haben*
dentum ________ ________, niemand __________ seine Gesundheit oder sogar sein	*müssen*
Leben aufs Spiel setzen. Oft _____ es schon hilfreich, andere ebenfalls zum Han-	*sein*
deln zu animieren, um Unterstützung zu bitten oder die Polizei zu benachrich-	
tigen", ____________________ der Minister. Innenminister Karl Peter Bruch	*sagen*
________________ zudem in diesem Jahr zehn Jugendpreise für Zivilcourage.	*verleihen*
Er ______________ sich stolz und dankbar für die Leistungen der diesjährigen	*zeigen*
Preisträger. „Die Zivilcourage eines jeden Einzelnen __________ Flagge zeigen	*heißen*
gegen jegliche Angriffe auf unsere Grundrechte. Zivilcourage ________ für ein	*sein*
friedliches Zusammenleben, für die Verhinderung von Aggressionen gegen	
Schwächere und die Diskriminierung von Minderheiten in der Demokratie un-	
verzichtbar und zugleich Aufgabe von uns allen", ____________ der Minister.	*betonen*

2 Setze in den Bericht über Jugendliche, die mit dem Preis für Zivilcourage ausgezeichnet wurden, die Verben im Perfekt oder im Präteritum ein. Schreibe den ergänzten Bericht auf ein Zusatzblatt.

Djamal Belamri (sich kümmern) vorbildlich um eine gestürzte und bereits als vermisst gemeldete Seniorin. Selbst nachdem die Polizei eingetroffen war, (bleiben) er so lange bei der verletzten Frau, bis der Rettungswagen sie (aufnehmen) und in ein Krankenhaus (bringen).

Tatjana Fuhr (retten) einen jungen Mann vor dem Selbstmord. Sie (interpretieren) dessen Äußerungen in einem Internetchat richtig und (benachrichtigen) in letzter Minute die Polizei, die ihn vor der Tat (bewahren): Um den Beamten mehr Zeit zu verschaffen, hatte sie den jungen Mann vorher in einen langen Chat verwickelt.

3 In welcher Zeitform stehen die gelb markierten Verben? ____________________

Warum? ____

Gebrauch des Konjunktivs: Indirekte Redewiedergabe

1 Lies den Ausschnitt aus einem Zeitungsartikel über suchtgefährdende Computerspiele. Gib die Aussagen der Beteiligten in indirekter Rede wieder.

Suchtgefährdende Computerspiele: Verbote für Jugendliche gefordert

Das Institut des Kriminologen Christian Pfeiffer legte am heutigen Montag eine
Untersuchung vor, nach der mehr als 14.000 Neuntklässler nach medizinischen
sein Kriterien süchtig nach Computerspielen ________. Weit mehr als 23.000 Ju-
sein, führen gendliche ________ stark gefährdet, so Pfeiffer. Spielen allein ________
noch nicht automatisch zu einer Abhängigkeit, aber das Spielen von Online-Rol-
verstärken, gelten lenspielen ________________ das Risiko. Das ________ vor allem für
das Spiel „World of Warcraft". Auch die niedersächsische Sozialministerin will
sein gegen solche Spiele vorgehen: Das Ziel ________, Programme wie das Online-
Rollenspiel „World of Warcraft" künftig für Jugendliche zu verbieten. Mög-
müssen lichst schnell ________ die Bewertungskriterien geändert werden, nach
denen die Altersfreigabe von Computerspielen festgelegt wird. Nur Erwachsene
sollen ________________ in Zukunft solche Spiele noch kaufen dürfen.
Ein Bildungspolitiker verlangte auch ein Verbot für Videospiele, die Gewalt ver-
herrlichen: Er glaubt, dass solche Gewaltspiele eine negative Wirkung auf Ju-
ausüben, haben gendliche ________________. Ein Verbot ________ nur dann Sinn,
wenn es auch im Internet durchgesetzt wird. Der Politiker meint, die Zeit der
sein, brauchen Ausflüchte ________ vorbei. Wir ________ entsprechende Web-
Filter, die von den Internet-Providern betrieben werden. *Jürgen Kuri*

2 Ergänze die Regel:

Die **indirekte Rede** wird vor allem in Zeitungen sowie in Rundfunk- und Fernsehnachrichten gebraucht. Die Verben stehen im ________________:
Das Computerspielen <u>führe</u> nicht automatisch zur Abhängigkeit.
Wenn die Formen im Konjunktiv I sich von den Formen im Indikativ nicht unterscheiden (Pfeiffer sagt, dass Gewaltspiele eine negative Wirkung <u>ausüben</u>), setzt man den ________________ oder die würde-Form ein:
Er sagt, Gewaltspiele <u>übten/würden</u> eine negative Wirkung <u>ausüben</u>.
In der dritten Person Singular steht immer der ________________, weil er sich vom Indikativ unterscheidet.

Adverbiale Nebensätze in adverbiale Bestimmungen umformulieren

1 Eine Schülerin hat ein Praktikum bei der Feuerwehr gemacht. Anschließend hat sie einen Praktikumsbericht geschrieben.
Sie will ihren Bericht aber noch stärker zusammenfassen und statt der gelb unterlegten Nebensätze Satzglieder (adverbiale Bestimmungen) verwenden.
Überarbeite ihren Text entsprechend.

a) Während ich das Praktikum gemacht habe, → *Während des Praktikums* ______

habe ich erfahren, was bei der Feuerwehr alles gemacht wird.

b) Die Feuerwehr rückt nicht nur aus, wenn es brennt.

→ Die Feuerwehr rückt nicht nur ______ aus.

c) Auch wenn Unfälle passieren, Keller volllaufen oder Tiere verletzt auf der Straße liegen, → *Auch* ______

______ wird zunächst oft die Feuerwehr gerufen.

d) Übrigens durfte ich nicht helfen, als die Feuerwehr einen Brand löschte.

→ Übrigens durfte ich ______

nicht helfen. Aber ich durfte immerhin die Feuerwehruniform anziehen.

e) Weil die Feuerwehruniform aber so schwer war, → ______

______ konnte ich mich kaum bewegen.

f) Ein Höhepunkt war die Fahrt mit der Drehleiter.

Um die Drehleiter zu lenken, → ______

habe ich ein Joystick benutzt.

g) Nachdem ich das Praktikum abgeschlossen hatte, → ______

______ hat sich mein Bild von der Feuerwehr gründlich geändert.

h) Obwohl ich mich sehr anstrengen musste, → ______

______ bin ich von diesem Beruf immer noch total begeistert.

2 Bestimme die adverbialen Nebensätze. Nutze dazu das Konjunktionenrad (Schülerband, S. 209).

Rechtsschreibstrategien anwenden

Wale durch Schiffslärm schwerhörig

Immer mehr schwerhörige Wale stoßen in den hochfrequentierten Schiffahrtswegen um die Kanarischen Inseln mit Schiffen zusammen. Die Meeressäuger sind offenbar durch den Lärm des Schiffsverkehrs fast taub geworden. Wie das Magazin *GEO* in Hamburg berichtete, hat die untersuchung der Ohren toter Pottwale ergeben, dass die Tiere genau in dem Frequenzbereich Gehör geschädigt waren, in dem sich das Gereusch von Schiffsmotoren und -schrauben bewegt. Den Angaben zufolge untersuchten die Wissenschaftler der amerikanischen Harvard-Universität zwei Pottwale, die bei Kolisionen mit Schiffen getötet worden waren. Die Folgen des Lärms – der im Wasser weitaus stärker zuhören ist als in der Luft – wurden als dramatisch geschildert. Da der Gehörschaden die Tiere bei der Suche nach Fischschwärmen und anderer Beute behindert, finden sie nur noch schlecht Nahrung. Zu dem sei die Kommunikation untereinander gestört, weshalb die Population möglicherweise zum aussterben verurteilt sei, hieß es. Die Wale senden ackustische Signale aus, um sich untereinander zu verständigen. Da ihre Signale von Lebewesen und sonstigen Objekten reflektirt werden, können die Tiere auch Beute orten und sich im Wasser orientieren.

Wale durch Schiffslärm schwerhörig

Immer mehr schwerhörige Wale stoßen in den hochfrequentierten Schifffahrtswegen um die kanarischen Inseln mit Schiffen zusammen. Die Meeressäuger sind offenbar durch den Lärm des Schiffsverkehrs fast taub geworden. Wie das Magazin *GEO* in Hamburg berichtete, hat die Untersuchung der Ohren toter Pottwale ergeben, das die Tiere genau in dem Frequensbereich gehörgeschädigt waren, in dem sich das Geräusch von Schiffsmotoren und -schrauben bewegt. Den Angaben zu Folge untersuchten die Wissenschaftler der amerikanischen Harvard-Universität zwei Pottwale, die bei Kollisionen mit Schiffen getötet worden waren. Die folgen des Lärms – der im Wasser weit aus stärker zu hören ist als in der Luft – wurden als dramatisch geschildert. Da der Gehörschaden die Tiere bei der Suche nach Fischschwärmen und anderer Beute behindert, finden sie nur noch schlecht Nahrung. Zudem sei die Kommunikation untereinander gestört, weshalb die Population möglicherweise zum Aussterben verurteilt sei, hieß es. Die Wale senden akustische Signale aus, um sich unter einander zu verständigen. Da ihre Siegnale von Lebewesen und sonstigen Objekten reflektiert werden, können die Tiere auch Beute orten und sich im Wasser orientiren.

1 In den beiden gleichen Texten sind einige Wörter unterschiedlich geschrieben. Unterstreiche sie.

2 Welche Schreibweise der Wörter, die du in den beiden Texten unterstrichen hast, ist jeweils die richtige? Streiche die falsche Schreibweise durch.

3 Führe mindestens zu fünf Fehlern aus den beiden Texten „Musterberichtigungen“ aus:
- Schreibe das Wort oder den Satz mit dem Fehlerwort auf.
- Markiere im Wort oder Satz die Fehlerstelle.
- Notiere eine Regel/einen Tipp in Kurzform, um den Fehler zu vermeiden.
- Suche weitere Wort- oder Satzbeispiele (verwandte Wörter, ähnliche Wörter, Ausdrücke und Satzmuster mit der entsprechenden Rechtschreibschwierigkeit) und schreibe sie dazu.

Schifffahrtswege
Schifffahrt mit drei f, weil Schiff + Fahrt
Sauerstoffflasche, Flusssand, Schwimmmeister ...

4 Suche dir selbst einen Text, z. B. aus einer Zeitung oder dem Internet. Erstelle daraus eine Textgegenüberstellung, in die du zu Übungszwecken einige Fehler einbaust. Diese soll ein Partner in ähnlicher Form wie bei den Aufgaben 1–3 bearbeiten können.

Den Regelteil eines Wörterbuchs nutzen

1 Setze mit jeweils zwei Straßennamen die Wortreihen fort.
Altmark An der Kaimauer Bremer Tor Freiherr-vom-Stein-Platz Friedrich-Ebert-Straße Hauptstraße Im Alten Garten Kölner Platz Ringelblumenweg Schnellweg

Regel: ______________ *Bismarckstraße, Schlossplatz*

Regel: ______________ *Am Neuen Forsthaus, An den Drei Eichen*

____

Regel: ______________ *Neutor, Hochstraße*

Regel: ______________ *Leipziger Straße, Am Frankfurter Platz*

____

Regel: ______________ *Georg-Mendel-Straße, Am Georg-Büchner-Platz*

____

2 Suche im Schülerband auf Seite 225 die passende Regel und schreibe sie in der Randspalte dazu: K 161, K 162.1, K 162.2, K 162.3.

3 Ergänze die Wortreihen mit zwei Straßennamen aus deinem Wohnort.

4 Überprüfe die Rechtschreibung der Straßennamen in der folgenden Wegbeschreibung mithilfe der Angaben im Schülerband, Seite 225. Streiche fehlerhafte Schreibweisen durch und schreibe den korrigierten Text auf.

Fahre von der Schule geradeaus über die Overbergstraße in die Goethestraße. Überquere den Evers-Kamp und fahre in die Bahnhofstraße. Lasse Coesfelderstraße, Neuerdamm, Friedrich Schillerstraße und Lindenweg links liegen. Nach einigen Hundert Metern überquerst du eine Bahnlinie. Die Straße heißt jetzt Neu Damm. Folge dieser Straße ungefähr 500 Meter bis An-den-Bolzplatz. Dort biege in die Dorf Straße ein. Nicht An der Dicken Eiche wählen. Nach etwa weiteren 500 Metern geht es links ab in die Freiherr vom Steinstraße. Du musst jetzt etwa einen Kilometer immer geradeaus fahren. Unterwegs nicht mehr abbiegen, Borkenerdamm, Grünweg, An der alten Buche und zum Heubach rechts liegen lassen! An der Haltestelle am Sportplatz warte ich auf dich.

5 Schreibe eine ähnliche Wegbeschreibung mit Straßennamen deines Wohnortes. Überprüfe anschließend mit jemandem besonders die Rechtschreibung der Straßennamen.

6 In den folgenden Beispielen findest du dasselbe Adjektiv einmal groß- und einmal kleingeschrieben. Suche die zusammengehörigen Paare und schreibe sie nebeneinander auf ein Zusatzblatt.
die Olympischen Spiele der große Elefant der olympische Wettkampf der erste Wettkampf der Erste Mai die schwarze Farbe der Große Bär das Schwarze Meer der blaue Fleck der Blaue Nil

7 Begründe, warum das Adjektiv einmal groß- und einmal kleingeschrieben wird. Nutze die Hilfen im Schülerband, S. 227.

8 Unterstreiche die Adjektive in den folgenden Namen. Warum sind sie großgeschrieben? Nutze die Hilfen im Schülerband, S. 226/227.
das Brandenburger Tor das Erste Deutsche Fernsehen der Alte Fritz das Europäische Parlament die Sozialdemokratische Partei Deutschlands das Rheinische Schiefergebirge das Tote Meer der Wiener Kongress der Deutsche Fußballbund das Weiße Haus die Französische Revolution der Atlantische Ozean der Bayrische Wald der Deutsche Bundestag der Große Belt der Große Kurfürst der Schiefe Turm von Pisa der Zweite Weltkrieg die Europäische Gemeinschaft die Schwäbische Alb Karl der Große

9 Ordne die Namen in die Gruppen a–g ein. Zu jeder Gruppe gehören drei Beispiele. Wenn du mit einem Namen nichts verbinden kannst, informiere dich mit einem Nachschlagewerk. Arbeite auf einem Zusatzblatt.

a) Meere und Meeresteile: ...
b) Landschaften: ...
c) Personen: ...
d) öffentliche Einrichtungen: ...
e) Gebäude: ...
f) historische Ereignisse: ...
g) politische Gruppen und Zusammenschlüsse: ...

10 Entscheide jeweils in den Wortgruppen a–i, ob das Adjektiv Bestandteil des Namens ist oder nicht. Wenn du unsicher bist, nimm ein Nachschlagewerk zu Hilfe. Streiche den falschen Anfangsbuchstaben durch. Beachte dabei die Schreibregel im Schülerband, S. 227.
a) die n/Neue Mode, die n/Neue Welt (Amerika), *das n/Neue Testament*
b) die w/Westfälische Landschaft, der w/Westfälische Friede
c) das s/Stille Wasser, das s/Stille Kind, der s/Stille Ozean
das r/Rote Meer, das r/Rote Kleid, der r/Rote Platz (in Moskau)
d) die r/Rote Beete, der r/Rote Faden, das r/Rote Kreuz (Organisation)
e) der e/Erste Mai, der e/Erste Weltkrieg, das e/Erste Programm
f) der g/Gelbe Fluss (in China), *die g/Gelbe Karte, das g/Gelbe Tuch*
g) die g/Großen Ferien, der g/Große Bär (Sternbild)
h) das e/Ewige Eis, das e/Ewige Leben, die e/Ewige Stadt (Rom)
i) die g/Grüne Lunge, die g/Grüne Insel (Bezeichnung für Irland), *die g/Grüne Welle*

11 Ergänze die Wortgruppen zu Aufgabe 9 und die Wörterreihen a–i in Aufgabe 10 mit ähnlichen Beispielen, die ein anderer lösen soll. Arbeite auf einem Zusatzblatt.

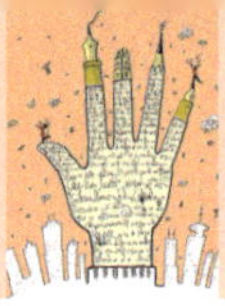

Fach- und Fremdwörter

→ *Nutze das Stichwortverzeichnis im Schülerband (S. 304), um Erklärungen der Fachwörter zu finden.*

1 Lies die Fachwörter aus der Grammatik. Erkläre in Partnerarbeit die Bedeutung der Wörter: Einer wählt ein Wort aus, der andere erklärt es.
Adjektiv Akkusativ Aktiv Artikel Attribut Dialekt Genitiv Imperativ Indikativ Infinitiv Konjunktiv Metapher Nominativ Objekt Passiv Perfekt Prädikat Präfix Präposition Relativsatz Subjekt Suffix

2 Markiere in den Fachwörtern oben Rechtschreibschwierigkeiten.

3 Vergleiche die Beispielwörter in den einzelnen Tabellenspalten.
Markiere eine gemeinsame Rechtschreibbesonderheit und ergänze dann die fehlenden Spaltenüberschriften.

mit ie am Wortende			mit i statt ie im Wortinnern		
Batterie	Dialekt	Physik	Kantine	Ventil	
Biologie	praktisch	Hypothese	Ventil	Verb	
Fotografie	Kontakt	Alphabet		Vase	

4 Ordne die grammatischen Fachwörter in die richtige Spalte der Tabelle ein. Einzelne Wörter lassen sich mehrfach zuordnen.

5 Sammle weitere Fremdwörter, markiere die Rechtschreibschwierigkeit und ergänze mit ihnen die Tabelle. Musst du Spalten hinzufügen?

6 Wähle fünf Wörter aus der Tabelle (S. 66) aus und suche zu ihnen mit dem Wörterbuch verwandte Wörter. Markiere in ihnen die gemeinsame Schreibweise (Gleiches schreibt man gleich!).

7 Erstelle eine Liste mit Fremdwörtern der Seite 66. Lass dir die Wörter in Partnerarbeit diktierten. Sprich beim Schreiben leise die zutreffende Schreibregel mit.

8 In jedem der folgenden Fremdwörter steckt ein Fehler. Finde und berichtige ihn. Begründe, wie man den Fehler vermeiden kann.

Schlage jedes Fremdwort, das du nicht verstehst, nach!

falsche Schreibweise	richtige Schreibweise	falsche Schreibweise	richtige Schreibweise
Labyrint		*Akusativ*	
Globuse		*Krokodiel*	
Baterie		*Gardiene*	
Analüse		*Program*	
Rythmus		*Trickot*	
Mobing		*Galleri*	
Datiev		*Sünthese*	
Lobbie		*Balade*	
Kriese		*Gulli*	
Razia		*tüpisch*	
Komentar		*korekt*	
Metafer		*Kantiene*	
negatiev		*Kariere*	

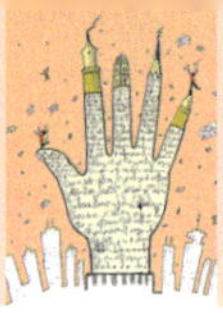

Groß oder klein?

1 Im Deutschen kann (im Gegensatz zu anderen Sprachen) jede Wortart zu einem Nomen werden. – Füge die Wörter der Randspalte richtig in die Sätze ein. Unterstreiche das Signalwort, das auf die Großschreibung hinweist.

quatschen	a) Dieses ständige ____________ geht einem schnell auf die Nerven.
neu	b) In der Zeitung steht heute nicht viel ____________.
zehn	c) Du trägst heute die ____________ während des Spiels.
nein	d) Das ____________ fällt ihm schwer.
sie	e) Peinlich, ich habe ihn für eine ____________ gehalten.
voraus	f) Sie hatte schon alles im ____________ erledigt.
durcheinander	g) Es gab ein großes ____________.

2 Markiere in den unten stehenden Sätzen die Nominalisierungen und schreibe sie mit ihren Begleitern heraus.

a) Das Ausschlaggebende für den Erfolg war die gute Vorbereitung.
b) Das schnelle, sportliche Gehen stärkt die Ausdauer.
c) Diebe können wohl das Mein und Dein nicht unterscheiden.
d) Es gab ein dauerndes Hin und Her und ein großes Durcheinander.
e) Bevor man sich festlegt, sollte man das Für und Wider gut abwägen.
f) Sein Spanisch will er noch verbessern.
g) Auf ein Neues!
h) Viele waren am Zustandekommen der Schulpartnerschaft beteiligt.
i) Die Vorbeigehenden begnügten sich mit Wegsehen und Schweigen.
j) Sie haben sich geeinigt und sind im Guten auseinandergegangen.
k) Oft gibt es ein Sowohl-als-auch, aber kein Entweder-oder.
l) Sie hat auch auf ihrem Abschlusszeugnis mehrere Einser.
m) Was du geschrieben hast, kann ich im Wesentlichen bestätigen.
n) Vermeide Süßes und Fettes, das ist auch am gesündesten.
o) Er war der Einzige, der den „Zauberlehrling" auswendig konnte.
p) Unserer Mannschaft half zum Schluss nur noch lautes Anfeuern.
q) Dein ständiges Aber ist lästig und stört sehr.
r) Dieser Glückspilz würfelte mehrere Male hintereinander eine Sechs.

3 Welche Nominalisierungen stehen ohne Begleiter? Wie kann man sie trotzdem erkennen? Begründe.

4 Finde heraus, von welcher Wortart jeweils die nominalisierten Wörter herstammen: Verb, Adjektiv/Partizip, Pronomen, Adverb, Präposition, Konjunktion oder Zahlwort.

5 Füge jeweils das Wort aus der Randspalte in der richtigen Schreibweise ein. Manchmal ändert sich die Form.
- Überlege, ob du groß- oder kleinschreiben musst.
- In einigen Fällen sind beide Schreibweisen möglich. Entscheide dich dann für eine Schreibweise, kennzeichne sie besonders und begründe.
- Wenn du unsicher bist, nutze den Regelteil oder das Wörterverzeichnis eines Wörterbuchs.

a) Oft ist ______ besser als ______. **PROBIEREN, STUDIEREN**

b) Die ______ Mütze passt nicht zum ______ deiner Schuhe. **ROT**

c) Sie hasst ______. Er kauft sich ein Paar ______ Schuhe. **GELB**

d) Das ist ______. Er will die Fahrprüfung von ______ versuchen. **NEU**

e) Hier ist es erlaubt, zu ______, dort ist das ______ verboten. **RAUCHEN**

f) Das ist ______. Er gab sein Geld für alles ______ aus. **MÖGLICH**

g) Er gab auch ______. Er hat ein gewisses ______. **ETWAS**

h) Er ist ______. Viele fürchten sich vor der ______. **DREIZEHN**

i) Sie rief um ______ an. Der Zeiger nähert sich der ______. **ZWÖLF**

j) Es sind ______ Spieler erschienen. Auf den ______ warten sie noch. **ZEHN, ELF**

k) Noch ______ viele. Ihr ständiges ______ stört mich. **ZÖGERN**

l) Wir lernen ______, andere ______. **SCHWIMMEN, SEGELN**

m) Die ______ Aufgaben löse ich immer zuerst, **LEICHT**

die ______ ganz zum Schluss. **SCHWER**

n) Etwas ______ zu bewältigen, kann ich mir im Moment nicht **SCHWER**

vorstellen. Er hat sie dadurch aufs ______ beleidigt. **SCHWERSTE**

o) Er ist der ______ und ______ **AUFMERKSAM, KLUG**

meiner Zuhörer.

p) Es fällt ihm schwer, ______ zu sagen. Das ______ fällt ihm schwer. **NEIN**

q) Er trägt gern ______. Seine Lieblingsfarbe ist ______. **BLAU**

6 Groß oder klein? Setze die Wörter der Randspalte richtig ein.
Begründe die Groß- und Kleinschreibung in einem Rechtschreibgespräch.
Wenn ihr unsicher seid, schlagt im Wörterbuch nach.

Schuld / schuld

a) Sie haben ihm die __________ vergeben.

b) Du bist daran nicht __________.

c) Alle wollen mir die __________ in die Schuhe schieben.

d) Der starke Regen ist __________ an der schlechten Ernte.

e) Er hat __________, dass sie gegangen ist.

Recht / recht

f) Du hast __________. Das ist __________, was er getan hat.

g) Er vertritt seine Ansprüche nach __________ und Gesetz.

h) Sie kann es ihm niemals __________ machen.

i) Du kommst mir gerade __________.

Angst / angst

j) Viele haben __________ vor Hunden.

k) Mir wird __________ und bange. Das macht er aus __________.

l) Mir wird oft __________ vor ihm.

Ernst / ernst

m) Die Lage ist __________. Er macht __________.

n) Er hat den Scherz für __________ genommen.

o) Er meint es __________. Die Lage wird sehr __________.

p) Er löste die Aufgabe mit großem __________.

q) Aus dem Spiel wurde __________.

r) Es ist mir vollkommen __________ damit.

s) Wir sollten die Lage __________ nehmen.

Pleite / pleite

t) Ich bin __________.

u) Pass auf, dass du nicht bald __________ machst.

v) Das ganze Vorhaben ist eine einzige __________!

Getrennt oder zusammen?

Auf Betonung und Bedeutung achten

1 Setze die Wortverbindungen aus Adjektiv und Verb in der richtigen Schreibweise ein. Führe als Entscheidungshilfe auch die Betonungsprobe durch und unterstreiche den betonten Wortbaustein.

Wir sollten wichtige Aussagen schriftlich ______________________.
Wir mussten den Lenkdrachen ganz ______________________.
fest?halten

Jede Kleinigkeit muss er ______________________.
Wir wollen die Tücher noch ______________________.
schön?färben

Unsere Arbeit werden wir schon ______________________.
Den Schaden müssen wir schnell ______________________.
gut?machen

Die Übung ist ihm ______________________.
Sie ist auf der Treppe ______________________.
schwer?fallen

2 Wende die Regeln im Schülerband, S. 239/240, an und streiche jeweils die falschen Schreibungen durch.
Überprüfe deine Lösung auch in einem Rechtschreibgespräch mit einem Partner: Einer sagt die Lösung, der andere die Begründung.

a) Warum kann man nicht einfach alle Nomen klein schreiben/kleinschreiben?
b) Auf dem Plakat solltest du nicht zu klein schreiben/kleinschreiben.
c) Seine Fußballleidenschaft muss er zurzeit klein schreiben/kleinschreiben.
d) Während des Praktikums konnten wir uns mit unterschiedlichen Berufswünschen auseinander setzen/auseinandersetzen.
e) Oft musste ich während der letzten zwei Wochen aber auch die Zähne aufeinander beißen/aufeinanderbeißen, um die Arbeit durch stehen/durchstehen zu können.
f) Die Verkäuferin konnte ihr das Geld für das gekaufte Buch leider nicht zurück geben/zurückgeben, aber sie konnte es ihr gut schreiben/gutschreiben.
g) Für sein Alter kann er schon ganz gut schreiben/gutschreiben.
h) Mit meiner Berufsentscheidung muss ich in den nächsten Wochen voran kommen/vorankommen.
i) Es wäre gut, wenn ich die alte Begeisterung für das Fach Mathematik zurück gewinnen/zurückgewinnen könnte.
j) Kannst du mir das Getränk noch eine Weile kalt stellen/kaltstellen?
k) Wenn wir das Spiel gewinnen wollen, musst du den gegnerischen Rechtsaußen unbedingt kalt stellen/kaltstellen.
l) Mit dem Füller wirst du dir nur die Finger blau machen/blaumachen.
m) Am Tag unserer Prüfung werden wir nicht blau machen/blaumachen.
n) Die letzte Aufgabe sollte euch eigentlich leicht fallen/leichtfallen.
o) Über diesen Fahrradständer kann man leicht fallen/leichtfallen.

3 Nomen in Verbindung mit Verben werden normalerweise getrennt geschrieben: *Angst haben, Rad fahren, Unglück bringen*. Es gibt eine feste Gruppe, bei denen es anders ist. Suche die elf Verben im Regelkasten des Schülerbands (S. 241) und schreibe sie auf.

______

______

4 Überprüfe, welcher Wortteil in den Verben betont wird, und unterstreiche ihn.

5 Lies die Regel zu den elf Verben im Schülerband (S. 241), die eine feste Gruppe von trennbaren Zusammensetzungen bilden:
- Was ist das Besondere an diesen Verben?
- Wie viele kannst du nach dem zweiten Lesen noch auswendig aufschreiben?
- Welche verwendest du häufiger, welche weniger häufig?

6 Wähle einige Verben aus und schreibe sie in verschiedenen Zeitformen auf:

eislaufen: ich laufe eis – ich lief eis – ich bin eisgelaufen – ich werde eislaufen

kopfstehen: ich ______

______

______

______

7 Wähle aus den elf Verben passende aus und setze sie in die Satzlücken ein.

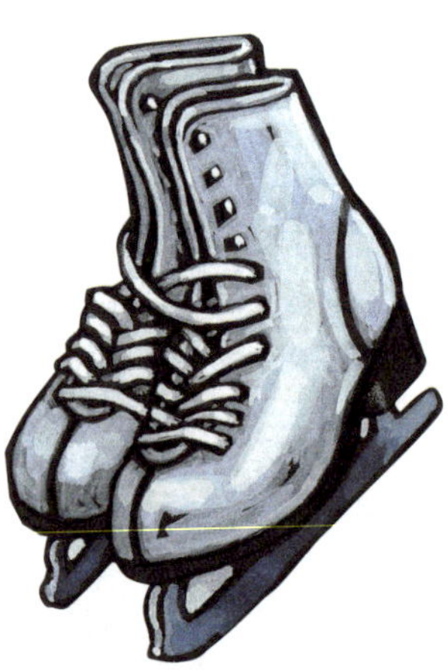

Wenn ein Wandertag ______, möchten wir in die Eishalle fahren und ______, denn in unserer Klasse ______ jeder gern ______. Es soll niemanden ______, wenn an diesem Tag ausnahmsweise mal niemand fehlt. Schließlich will jeder an einem solchen Erlebnis ______. Weil die Eishalle oft überfüllt ist, ______ es ______, sich rechtzeitig anzumelden. Mir würde es jedenfalls ______, wenn es nicht mit dem ______ klappen würde. Ich glaube, viele aus der Klasse werden vor Freude ______ ______, wenn wir mit der gesamten Klasse ______.

8 Setze die Wörter der Randspalte in der richtigen Schreibweise in die Satzlücken ein.
Beachte: Wenn diese Wörter einen Nebensatz einleiten, sind es Konjunktionen, die zusammengeschrieben werden. Sie stehen immer am Anfang des Nebensatzes und können nicht verstellt werden.

sobald / so bald

a) Den Streit sollten wir lösen, ____________ es eben möglich ist.

b) Das wird ____________ nicht klappen.

c) ____________ du zu Hause bist, werde ich dich besuchen.

d) Ich gebe das Buch zurück, ____________ ich es gelesen habe.

e) ____________ wirst du mich nicht los.

sooft / so oft

f) Ich denke ____________ an dich.

g) Ich werde dich anrufen, ____________ du willst.

h) Ich esse ____________ Süßigkeiten am Tag.

i) ____________ ich daran denke, möchte ich die Tat am liebsten ungeschehen machen.

j) Ich habe ihr schon ____________ verziehen.

soweit / so weit

k) ____________ ich weiß, beginnen die Ferien Mitte Juli.

l) ____________ solltest du es erst gar nicht kommen lassen.

m) ____________ ich das beurteilen kann, bist du mitschuldig.

n) Willst du wirklich ____________ wandern?

o) ____________ werde ich es nicht schaffen.

solange / so lange

p) ____________ du willst, werde ich dich unterstützen.

q) Ich werde ____________ bei dir bleiben, bis deine Eltern wieder zurück sind.

r) ____________ uns nichts Besseres einfällt, bleiben wir hier.

s) Ich warte schon ____________ auf Post von ihr.

t) Ich habe schon ____________ gewartet.

Überprüfe dein Wissen und Können

1 Zu jedem der Sätze 1–9 findest du hier jeweils vier unterschiedliche Schreibweisen. Unterstreiche jeweils die richtige.

1. Da gibt es gar nichts zu lachen.
   Da gibt es garnichts zulachen.
   Da gibt es garnichts zu lachen.
   Da gibt es gar nichts zulachen.

2. Vergiss nicht, zum nächsten Mal die Berichtigung zumachen.
   Vergiss nicht, zum nächsten Mal die Berichtigung zu machen.
   Vergiss nicht, zum nächstenmal die Berichtigung zumachen.
   Vergiss nicht, zum nächstenmal die Berichtigung zu machen.

3. Es ist jedes Mal dasselbe.
   Es ist jedes Mal das Selbe.
   Es ist jedesmal das Selbe.
   Es ist jedesmal dasselbe.

4. Irgendwann wirst du hinterher laufen.
   Irgendwann wirst du hinterherlaufen.
   Irgend wann wirst du hinterherlaufen.
   Irgend wann wirst du hinterher laufen.

5. Irgendjemand hat sowieso immer irgendetwas auszusetzen.
   Irgendjemand hat so wie so immer irgendetwas auszusetzen.
   Irgend jemand hat so wie so immer irgend etwas auszusetzen.
   Irgend jemand hat so wie so immer irgendetwas auszusetzen.

6. Wer jetzt nicht zuhört, der verpasst etwas wichtiges.
   Wer jetzt nicht zu hört, der verpasst etwas wichtiges.
   Wer jetzt nicht zuhört, der verpasst etwas Wichtiges.
   Wer jetzt nicht zu hört, der verpasst etwas Wichtiges.

7. Seit gestern hat er endlich auf gehört mit dem rauchen.
   Seit gestern hat er endlich aufgehört mit dem Rauchen.
   Seit gestern hat er endlich aufgehört mit dem rauchen.
   Seit gestern hat er endlich auf gehört mit dem Rauchen.

8. Sie hat keine schuld, dass er wieder mal Pleite ist.
   Sie hat keine Schuld, dass er wieder mal Pleite ist.
   Sie hat keine Schuld, dass er wieder mal pleite ist.
   Sie hat keine schuld, dass er wieder mal pleite ist.

Hier sind zwei Möglichkeiten richtig!

9. Mir wird angst, wenn ich daran denke, dass er recht bekommen könnte.
   Mir wird Angst, wenn ich daran denke, dass er Recht bekommen könnte.
   Mir wird Angst, wenn ich daran denke, dass er recht bekommen könnte.
   Mir wird angst, wenn ich daran denke, dass er Recht bekommen könnte.

2 Schreibe die Sätze a–d richtig auf.

a) erwohntanderalteneicheundnichtimhohlweg.

b) ihrsolltetdentestnichtzuleichtnehmen.

c) diepreisefürheizölsindnachlangerzeitleichtgefallen.

d) beiunsimteamwirdderteamgeistgroßgeschrieben.

3 Erkläre mit den folgenden Wortverbindungen einige Regeln zur Getrennt- und Zusammenschreibung. Du kannst dir auch passende Beispielsätze ausdenken.

a) ***schönfärben, schön färben:***

b) ***auseinandersetzen, auseinander setzen:***

c) ***sobald, so bald:***

d) ***Auto fahren, kopfstehen:***

4 Korrigiere die Fehler.

Stropfe ***kommunikatiev***

Bibliotek ***Subjeckt***

5 Werte den Test aus:
- Zu welchen Rechtschreibbereichen gab es Aufgaben?
- Was konntest du gut?
- Was musst du noch besonders üben?

Eine komplexe Aufgabenstellung lösen

» Bei einer komplexen Aufgabenstellung musst du mehrere Teilaufgaben bearbeiten und die Ergebnisse anschließend in einem zusammenhängenden Text aufschreiben. Achte genau auf den Schreibauftrag.

Vielleicht hast du den autobiografischen Text „Zwei Jahre Deutschland" von Nilgün Tasman schon gelesen. Er steht im Schülerband auf Seite 19/20.
Eine **Aufgabenstellung** zu diesem Text könnte so lauten:

Lies zuerst den Text. Bearbeite dann die Aufgaben. Schreibe einen zusammenhängenden Text.

1. *Analysiere den Text „Zwei Jahre Deutschland" von Nilgün Tasman. Gehe dabei so vor:*

a) *Schreibe eine Einleitung, in der du Textart, Titel, Autor und Thema benennst.*
b) *Fasse den Inhalt in eigenen Worten zusammen.*
c) *Erkläre anhand von Textstellen, was für die Eltern in der ersten Zeit in Deutschland besonders schwierig war.*
d) *Erläutere, wie die Ich-Erzählerin positive Erlebnisse darstellt. Belege das am Text.*

2. *Jemand behauptet: „Die türkischen Gastarbeiter wollten von Anfang an für immer in Deutschland bleiben und nicht in die Türkei zurückkehren." Nimm Stellung zu dieser Aussage und beziehe dich dabei auf den Text.*

1 Untersuche den Arbeitsauftrag und mache dir klar, was von dir erwartet wird. Halte die Ergebnisse stichwortartig fest.

– In der Unteraufgabe a) ist gelb markiert, was von dir bei der Analyse zunächst erwartet wird. Was sollst du noch weiter tun?

– Wo wird deutlich, dass du dich auf den Text beziehen musst?

– Welche Formulierung weist darauf hin, dass deine Einschätzung gefragt ist?

– Wo bekommst du Hinweise, was in die Einleitung gehört?

– Wo wird deutlich, dass es nicht ausreicht, dass du die einzelnen Teilaufgaben wie in einem Test nacheinander abarbeitest?

» Am folgenden Beispiel kannst du die Tipps zum Überprüfen und Korrigieren eines Textes ausprobieren (Schülerband, S. 271).

2 Lies die Analyse, die ein Schüler zu dem Text „Zwei Jahre Deutschland“ geschrieben hat. Einiges ist schon ganz gut gelungen, manches kann aber noch verbessert werden.

In dem Ausschnitt aus dem autobiografischen Buch „Zwei Jahre Deutschland“ von Nilgün Tasman geht es um eine türkische Familie. Die Ich-Erzählerin stellt dar, wie der Vater mit seiner Frau und den kleinen Kindern 1968 aus Istanbul nach Stuttgart kommt. Sie reisen mit dem Zug. Am Zoll scheinen die Beamten ganz nett zu sein. Danach werden sie am Bahnhof von einem Türken abgeholt. Darüber sind die Eltern sehr erleichtert. Sie leben zuerst in einer kleinen Wohnung und haben vor, nur zwei Jahre zu bleiben. Schließlich bleiben sie für immer in Deutschland. Aber am Anfang haben sie Schwierigkeiten in dem fremden Land. Besonders blöd war es, dass sie kein Deutsch konnten. Zum Beispiel zeigten sie beim Einkaufen auf das, was sie haben wollten. Aber das funktionierte nicht immer. Das wird deutlich ab Zeile 43. Der Vater bekam ganz am Anfang zwar schon Geld, aber er wusste nicht einmal, wo man etwas zu essen einkaufen konnte (Z. 37–39). Die Ich-Erzählerin erzählt, worüber ihre Eltern immer gesprochen haben. Und dabei gab es auch Erlebnisse, die die Kinder heute positiv sehen. Besonders wichtig war am Anfang der Türke, der die Neuankömmlinge abholte. Die Mutter sagte oft: „Ich werde Bruder Mustafa nie vergessen, denn er war ein Stück Heimat in der Fremde“ (Z. 32/33). Ein missverständnis beim einkaufen fand sie als Kind total cool. Als die Mutter auf Bananen zeigte, sagte die Verkäuferin „Banane“, aber die Eltern liefen Beleidigt weg. Denn „‚Banane‘ heißt auf Türkisch ‚mir egal‘“ (Z. 51). Meiner Meinung nach liegt einer voll daneben, der behauptet, dass die türkischen Gastarbeiter von Anfang an in Deutschland bleiben wollten. Denn er weiß überhaupt nicht bescheid und redet das nur so daher. In dem Text steht nämlich, dass eines für alle türkischen Gastarbeiter klar war: „Sie wollten auf Jeden fall nur zwei Jahre in Deutschland bleiben“ (Z. 58/59). Und ich weiß auch von einigen anderen Berichten, dass die „Gastarbeiter“ als „Gäste“ nur begrenzte Zeit bleiben sollten. Es hat sich bei vielen so ergeben, dass sie nicht wieder in ihre alte Heimat zurückgegangen sind.

3 Kreuze an, was du für gelungen hältst. Markiere entsprechende Stellen im Text.

- ☐ Alle Teilaufgaben sind bearbeitet.
- ☐ Der Text ist fehlerfrei.
- ☐ Der Schreiber bezieht sich bei seinen Aussagen auf den Text.
- ☐ Alle Zitate sind gekennzeichnet.
- ☐ Es ist ein zusammenhängender Text.
- ☐ Die Zitate sind gut in den Text eingearbeitet.
- ☐ Die Sätze sind durch einleitende oder überleitende Formulierungen gut verbunden.

4 Der Text hat keine Absätze. Markiere die Textteile, die sich auf Teilaufgaben beziehen und wo man einen Absatz machen könnte.

5 Im Einleitungssatz ist das Thema nicht vollständig dargestellt. Ergänze den Satz mit dem Vorschlag, den du für passend hältst, oder finde eine eigene Formulierung.
a) ... geht es um die ersten Erfahrungen einer türkischen Gastarbeiterfamilie in Deutschland.
b) ... geht es um Erlebnisse, an die sich ein Kind einer türkischen Gastarbeiterfamilie in Deutschland erinnert.
c) ... geht es darum, dass eine türkische Gastarbeiterfamilie anfangs in Deutschland ziemliche Schwierigkeiten hat.

In dem Ausschnitt aus dem autobiografischen Buch „Zwei Jahre Deutschland“ von

Nilgün Tasman ______________________________

____

6 Einige Ausdrücke sind umgangssprachlich formuliert. Sie sind bereits unterstrichen. Ersetze sie durch angemessenere.

7 Eine wörtlich zitierte Textstelle ist nicht durch Anführungszeichen gekennzeichnet. Markiere sie.

8 Der Text ist im zweiten Teil noch nicht vollständig auf Fehler bei der Groß- und Kleinschreibung durchgesehen worden. Markiere falsch geschriebene Wörter und Formulierungen und schreibe sie richtig auf, die Nomen mit Signalwörtern.

____

____

____

____

Verschiedene Aufgabenformen verstehen

▸▸ Tests verlangen von dir Antworten in ganz unterschiedlicher Form. Deshalb muss man die Arbeitsaufträge genau lesen und verstehen. Manchmal musst du nur die richtige Ziffer oder das richtige Feld ankreuzen, manchmal musst du auch kürzere oder längere Texte schreiben. Hier findest du noch einmal Beispiele zum Ausprobieren.

a) Auswahlaufgaben (Multiple-Choice-Aufgaben) lösen

▸▸ Bei Auswahlaufgaben musst du aus einer Anzahl von falschen Aussagen eine richtige Aussage heraussuchen. Es kommt auch vor, dass du unter richtigen Aussagen die falsche finden musst. Aufpassen musst du bei Auswahlaufgaben, weil manchmal auch mehrere Antworten richtig sein können.

Aufgabenbeispiel 1

Kreuze die richtige Aussage an:
Der Text „Zwei Jahre Deutschland“ ist …

- ☐ *ein Lexikontext.*
- ☐ *ein Aufruf.*
- ☐ *ein autobiografischer Text.*
- ☐ *ein Informationstext.*

Aufgabenbeispiel 2

Beachte genau, was im Text steht, und kreuze an, was zutrifft:
Im Text geht es …

a) um Erfahrungen einer türkischen Gastarbeiterfamilie in Deutschland.
b) darum, dass die Gastarbeiter in Deutschland nicht willkommen waren.
c) darum, dass es für die türkischen Gastarbeiter in Deutschland anfangs ziemlich schwierig war.
d) um einen Bericht zur Lage der Gastarbeiter in Deutschland.

b) Richtig-falsch-Aufgaben lösen

▸▸ Bei Richtig-falsch-Aufgaben musst du herausfinden, ob Aussagen zutreffen oder nicht. Du musst genau lesen, denn oft kommt es nur auf ein Wort an.

Aufgabenbeispiel 3

Welche der folgenden Aussagen zu dem Text treffen zu, welche nicht? Kreuze an.

	trifft zu	*trifft nicht zu*
1. Die Familie der Ich-Erzählerin kam 1968 nach Deutschland.		
2. Jeder Mann konnte eine Einreisegenehmigung nach Deutschland erhalten		
3. Die Beamten am Zoll lachten die Türken aus.		
4. Die Eltern wollten zwanzig Jahre in Deutschland bleiben.		

c) Lückentext-und-Zuordnungsaufgaben lösen

» Bei einer Lückentext-und-Zuordnungsaufgabe kommt es darauf an, dass du aus einem Angebot von Wörtern oder Formulierungen die richtigen auswählst und an den passenden Stellen im Text einfügst. Manchmal musst du die Lücken auch selbstständig füllen.

Aufgabenbeispiel 4

Wähle das für den jeweiligen Satzanfang passende Wort aus und setze es ein. Beachte, dass es zu dem passt, was im Text steht.
Wähle aus: als, damit, wenn, weil.

Setze ein: _________ bei den meisten Türken im Reisepass als Geburtsdatum der 1. Januar eingetragen war, lachten die Beamten am Zoll.

Aufgabenbeispiel 5

Setze in die Lücken ein passendes Wort ein. Beachte, dass es zu dem passt, was im Text steht.

Die türkischen Gastarbeiter wollten nur so lange in Deutschland bleiben,

_________ sie sich ein eigenes Haus leisten konnten.

d) Sich festlegen und seine Meinung begründen

» Bei dieser Aufgabenform kommt es darauf an, dass du eine Aussage bestätigst oder zurückweist. Deine Meinung musst du anschließend in wenigen, aber vollständigen Sätzen begründen und dich dabei auf den Text beziehen.

Aufgabenbeispiel 6

Leonie meint: „In dem Text wird die erste Zeit der türkischen Familie in Deutschland nur als schwierig dargestellt."
Stimmst du dieser Behauptung zu? Du kannst mit Ja oder Nein antworten.

☐ ***Ja, ich stimme der Aussage zu.***
☐ ***Nein, ich stimme der Aussage nicht zu.***

Begründe deine Meinung und beziehe dabei Aussagen des Textes mit ein.

____

____

____

____

____

____

____

wortstark 9
Werkstattheft

Name: ______________________________

Lösungsteil

Seite 7:

1 Aussagen, die dem Werkstattleiter sicherlich nicht gefallen haben:
– Der Vater hat die Praktikumsstelle vermittelt; hier fehlen Eigenständigkeit und Selbstverantwortung.
– Die Antwort „Logo" (statt „natürlich" o. Ä.) auf die Frage nach Kenntnissen über Tätigkeitsfelder in dem Beruf.
– In der Freizeit abhängen ist sicherlich normal; der Werkstattleiter hätte aber gern auch etwas anderes gehört (Sport, Natur-, Technikinteresse, Familienunternehmungen).
– Die Frage, ob das Jugendschutzgesetz eingehalten wird. Der Werkstattleiter bekommt den Eindruck, dass die Bewerberin nur an ihren Rechten interessiert ist.
– Überstunden dienstags und freitags wären unangenehm, da ja das Volleyballtraining ausfallen würde. Hier würde Herr Czech mehr Verständnis für den Betrieb in Notfällen erwarten.
– Die Gleichgültigkeit bei der Nachfrage des Betriebsleiters, was sie wohl als Ausbildungsvergütung zu erwarten habe.

2 Martha hat sich bei folgenden Fragen gut verkauft:
– Auf die Frage nach dem Betriebsstandort hat sie darauf hingewiesen, dass sie sicherheitshalber schon Tage zuvor die Örtlichkeit erkundet hat. Dies zeigt ihr Bemühen um Pünktlichkeit und Zuverlässigkeit.
– Ihre Begründung für die Berufswahl: Technikkurs, Physik-Kenntnisse (Zensur), Kleinreparaturen zu Hause.
– Ihre Vorstellung, wie sie sich als Frau durchsetzen muss, mehr leisten muss und will, um anerkannt zu werden.

3 Das Sprachverhalten ist im Großen und Ganzen angemessen. Als kleine Ausrutscher könnte man bewerten:
– die jugendliche Anrede „Hallo!",
– „Logo" als Antwort zu flapsig,
– „mal richtig abhängen", „Inlinerfahren und so",
– „Nee" statt „Nein" (Umgangssprache),
– die „coole" umgangssprachliche Äußerung „Das wird schon passen", als Herr Czech die Ausbildungsvergütung anspricht.

4 Harmlos klingende Fragen, hinter denen mehr steckt:
– „Haben sie unseren Betrieb gleich gefunden" bedeutet, dass Herr Czech herausbekommen will, ob die Bewerberin sich vorbereitet hat, bemüht ist, absolut pünktlich zu sein.
– Bei der Frage nach der Praktikumsstelle geht es darum, ob die Bewerberin selbstständig auf Praktikumssuche war.

Seite 10:

1 – Personen: Andri, der Pater.
– Außerdem werden erwähnt: Pflegemutter, Pflegevater, Wirt, Tischler, Doktor, Peider.
– Der Pater über Andri: Er hat etwas Gehetztes, er ist misstrauisch, aber ein Prachtskerl. Er ist gescheiter als die anderen. Die Eigenschaften sind widersprüchlich, ambivalent.
– Andere Personen über Andri: Er ist vorlaut (Tischler); er ist ehrgeizig und hat kein Gemüt (Doktor); er ist feig, weil er ein Jud ist (Peider).
– Andri widerspricht, weil er nicht anders als die anderen sein will.
– Andri über sich selbst: Er hält sich für vorlaut; niemand mag ihn; er ist nicht wie die anderen: nicht fröhlich, nicht gemütlich, nicht einfach so. Er mag sich selbst nicht.

Seite 12:

2 Für ein Eingreifen sprechen die Argumente 4, 5, 6, 9, 10.
Gegen ein Eingreifen: 1, 2, 3, 7, 8.

Seite 16:

3 Der Mann: traurig, enttäuscht, verunsichert, hoffnungsvoll …
Die Frau: ärgerlich, genervt …

Seite 20:

1 Ich heiße Manu. Ich bin in meinem Zimmer und mache Mathe-Hausaufgaben. Ich will zum Training fahren. Der Trainingsort ist 12 km von meiner Wohnung entfernt. Meistens fahre ich mit der U-Bahn.
Heute regnet es. Trotzdem will ich das Fahrrad nehmen, weil mir da nichts passieren kann. Ich habe Angst, dass die Leute mich ärgern, beleidigen, angreifen.
Hilde ist meine Pflegemutter. Sie sitzt im Wohnzimmer und ruft, dass ich mich beeilen soll. Sie weiß nichts von meiner Angst und hat keine Ahnung. Mich nervt, dass sie sich immer einmischt, Fragen stellt, kontrolliert und aufpasst.
Mich beschäftigt das Problem, wie ich zum Training komme, ohne dass mir etwas passiert. Ich denke daran, wie mich beim letzten Mal in der U-Bahn drei Männer beleidigt haben. Sie sahen völlig normal aus: einer mit offener Jacke und Pickel am Kinn, ein anderer klein und ein bisschen dick. Sie haben mich Dachpappe genannt, weil ich eine dunkle Hautfarbe habe.
Es waren deutsche Männer; wenn sie lachen, ist es noch nicht gefährlich. Außerdem waren dabei: Alte, die missbilligend guckten; Junge, die taten, als sähen sie nichts; zwei Männer mit Aktenkoffern, die sich vorbeigedrängt haben und ausgestiegen sind. Ich dachte, sie haben Gesichter von Taubblinden, d. h., sie haben so getan, als ob sie nichts hören und sehen könnten.
Ich bin vorzeitig ausgestiegen. Ich habe immer noch Angst.

Seite 21/22:

3 Lösungsvorschlag:

(…) Es geht um eine Person, die über ihren Liebeskummer spricht. (…)
In der ersten Strophe sagt die Sprecherin, was sie nie mehr machen wollte: ständig auf Telefonanrufe warten, am Fenster stehen und warten, ob er oder sie doch noch auftaucht. (…)
Das wird deutlich an den gefühlvollen Briefen, die sie schreibt und dann wieder zerreißt, weil es wohl doch keinen Sinn mehr macht.
In der dritten Strophe widerspricht sie sich allerdings total. Einerseits spricht sie davon, dass der Teufel ihren Partner holen soll, andererseits soll er ihn schnell wieder zu ihr bringen. (…)
Besonders in der dritten Strophe. Denn da heißt es zuerst: „Das hab ich nie mehr gewollt", dann soll es der Teufel richten, dann heißt es wieder in zwei Kurzsätzen: „Herbringen. Schnell."
In der zweiten Strophe gebraucht Ulla Hahn zur Verdeutlichung der Stimmung des lyrischen Ichs zwei Metaphern: „Briefe, die triefen", also voller Gefühle stecken; „mich linksseitig quälen bis zu den Nägeln" – hier kommen aus meiner Sicht zwei Dinge in einem Bild zusammen: der Schmerz, den das linksseitig im Brustkorb sitzende Herz empfindet, und das Kauen an den Nägeln

 ISBN 978-3-507-48235-7

der linken Hand, während die rechte Hand den Brief schreibt. Die Verzweiflung des Ichs wird besonders deutlich in der mehrfachen Wiederholung des Verses „Das hab ich nie mehr gewollt". Daran wird deutlich, dass die Person sich regelrecht einhämmert, dass sie niemals mehr in solch eine Situation geraten wollte. (...)
Dort steht: „Mehr hab ich das nie gewollt." (...) Also: Verschwinde! Und dann: „Herbringen. Schnell." – Also: Komm zurück! Am Ende wünscht sich die Sprecherin also nichts sehnlicher, als mit dem geliebten Partner wieder zusammen zu sein. (...)

Seite 23/24:

2 Lösungsvorschlag:
a) Am Montag reparierte ich zuerst Frau Münsters Rollstuhl, das war ziemlich kompliziert. Aber meine Hauptaufgabe bestand darin, mit den Bewohnern die Freizeit zu gestalten. Ich spielte mit ihnen und las ihnen aus der Zeitung vor.
b) Die täglichen Pflege- und Hilfsdienste waren immer gleich. Wir halfen beim Aufstehen und Anziehen, danach räumten wir die Zimmer auf. Nachdem wir beim Essen geholfen hatten, räumten wir das Geschirr ab. Im Anschluss daran gingen wir mit den Bewohnern einkaufen.
c) Am Freitag durften wir wieder mit Heike und Werner Medikamente zusammenstellen, die für jeden Bewohner vom Arzt verordnet waren. Dafür gab es spezielle Boxen, die mit kleinen Schubfächern für jeden Wochentag versehen waren.
d) Am Nachmittag ging ich oft mit Herrn Nordhoff spazieren oder begleitete ihn beim Einkaufen. Er war sehr witzig und hatte immer einen Scherz auf Lager. Ich mochte Herrn Nordhoff sehr, obwohl er wegen seiner Krankheit ziemlich vergesslich war und ich ihm eigentlich immer sagen musste, was er einkaufen sollte. Er ließ auch schon mal seinen Stock irgendwo stehen oder wusste plötzlich meinen Namen nicht mehr.

Seite 25:

3 Lösungsvorschlag:

Tagesbericht: Donnerstag, 19.02.

Um 8.45 Uhr begann mein Arbeitstag. Bei der Ankunft im Heim zog ich zuerst meine Dienstkleidung über, ein blaues T-Shirt mit dem Logo des Altenheims.
Bei Dienstbeginn um 9 Uhr wurden zunächst die Aufgaben besprochen. Von 9.15 Uhr bis 10.30 Uhr mussten folgende Arbeiten gemacht werden: das zugeteilte Zimmer säubern (fegen, feucht wischen), das Frühstücksgeschirr abräumen, Bewohnern beim Toilettengang und beim Duschen helfen, falls nötig Laken wechseln.
Um 11 Uhr gab es eine außerordentliche Besprechung mit der Stationsleiterin, Frau Hänsel. Da die Seniorin Frau Birkner ohne Begleitung gestürzt war, wies uns Frau Hänsel darauf hin, dass Frau Birkner grundsätzlich begleitet werden soll, wenn sie das Zimmer verlassen will.
Um 12 Uhr war Mittagszeit: Das Essen musste serviert und im Falle von Frau Birkner angereicht werden, da sie sehr zittrige Hände hat.
Nach dem Abtragen des Geschirrs konnte ich von 13 bis 14 Uhr meine Mittagspause machen: Da die Zeit nicht ausgereicht hätte, nach Hause zu fahren, kaufte ich mir am Heimkiosk zwei belegte Brötchen.
Von 14 bis 16 Uhr hatten wir Praktikanten Bereitschaftsdienst im Aufenthaltsraum. Da keine besonderen Aufgaben anlagen, las ich Frau Tetsch aus der Zeitung vor. Sie hatte eine Augen-OP hinter sich und konnte noch nicht selbst lesen. Wenig später ging ich mit Herrn Völker im Heimgarten spazieren. Er wartete schon ungeduldig.
Um 16.15 Uhr informierte uns Frau Hänsel über den Tagesplan für Freitag. Danach konnte ich mich umkleiden und um 16.45 Uhr machte ich mich auf den Heimweg.

4 Lösungsvorschlag:

Ältere Menschen lassen oft geistig nach. Frau Hänsel wies uns aber darauf hin, dass man sie deshalb nicht wie unmündige Kinder behandeln dürfe. Man sagt zum Beispiel nicht „füttern", denn das hört sich an wie Tiere füttern im Zoo. Schließlich wird man ja selbst einmal alt – und dann möchte man nicht wie ein unmündiges Kind behandelt werden.
Ich würde jederzeit wieder ein Praktikum im Altenheim machen. Einem Schülerpraktikanten würde ich raten, sich vorher mal ein Heim anzusehen, denn dies würde seine Entscheidung für das Praktikum bestärken.

Seite 28:

2 Z. B. Z. 1–2, 3–5.

4 „Die" könnten die Erbauer der Brücke sein oder Politiker, die den Bau der Brücke veranlasst haben, oder Statistiker, die den Nutzen der neuen Brücke prüfen bzw. nachweisen wollen.

5 Z. B. Z. 12–13, 14–17, 57–63.

Seite 29:

6 Z. B. Z. 24–26, 36–41, 47–50.

Seite 30:

2 Die Sprecherin des Gedichtes ist nicht gerade erfreut, als sie morgens den Wecker rasseln hört. Sie beschreibt dieses Geräusch als „albernes Geknatter" und die Radiosendung vergleicht sie mit dem nervenden Geschnatter von Gänsen. Natürlich fühlt sie sich auch aus dem schönsten Traum gerissen. Das Sprichwort „Morgenstund hat Gold im Mund" kann sie nicht ertragen, und von Frühaufstehern hält sie schon gar nichts.
Ganz anders ihr Freund Pit: Er fordert sie zum Aufstehen auf (Z. 4), malt ihr die Folgen der Faulheit aus (Z. 13/14).
Er ist wohl der Frühaufsteher, der fleißige, pflichtbewusste Mann, der gar nicht genießen kann, morgens auszuschlafen.

3 Formmerkmale des Gedichts:
– 4 Strophen, davon 3 Strophen zu je 4 Versen mit gleichmäßigem Kreuzreim-Schema (abab); die letzte Strophe mit einem Zusatz-Vers und einer veränderten Reimung: abaab.
Die Veränderung könnte versinnbildlichen, dass es mit dem Genuss des Langschläfers ein Ende hat, die gemütliche Stimmung im Bett wandelt sich: *„Und dennoch* (obwohl es doch im Bett so schön ist) *steht man alle Morgen auf."*

4 Weitere Personifizierungen:
– Z. 3: „ein fleißig Radio übt schon sein Geschnatter",
– Z. 10: „ hat sicher nur das Lesebuch erdacht",
– Z. 15: „die Autos hetzen".
Die Personifizierungen könnten verdeutlichen, dass (technische) Gegenstände und ein Lesebuch es schaffen, den Langschläfer seiner Ruhe und Zufriedenheit zu berauben.

5 Das Sprichwort lautet: „Morgenstund' hat Gold im Mund."
Es bedeutet, dass frühes Aufstehen gleichbedeutend ist mit gutem, morgendlichem Arbeiten. Man beginnt den Arbeitstag als Frühaufsteher wohlgelaunt.
„Ich hab mir niemals was aus Gold gemacht" (Z. 12) könnte so interpretiert werden, dass dem lyrischen Ich die Arbeit/der Verdienst (Gold) nicht so wichtig ist wie das morgendliche Wohlbefinden im Bett.

Seite 31:

3 Die Beziehung der beiden ist offensichtlich gescheitert. Sie ist verloren gegangen, wie man einen Hut oder Stock verliert (Z. 3/4). Die beiden sahen sich an, wussten aber nicht, was sie zueinander sagen sollten (Z. 7). Als sie weint, steht er nur neben ihr, ohne sie zu trösten oder in den Arm zu nehmen (Z. 8). Selbst im Cafe sprechen sie nicht miteinander (Z. 16), sie rühren in ihren Tassen (Z. 14), sprachlos, fassungslos (Z. 16). In der 3. Strophe zeigt sich auch, wie sie nebeneinander herlaufen. Sie registrieren belanglose Dinge (ein Mensch spielt Klavier, Schiffe, denen man zuwinken kann), um von ihrer Situation abzulenken.

4 a) Das Gedicht enthält fast keine Adjektive (außer „traurig“ und „heiter“, wobei die Heiterkeit ja nur gespielt ist, die Traurigkeit überspielen soll). Dafür ist die Sprache total sachlich: Liebe kam abhanden, sahen sich an, wussten nicht weiter, gingen ins Cafe, rührten in den Tassen ...
b) Die bildhaften Ausdrücke in Strophe 1 passen gut zu der dargestellten Situation: Die Metapher „Liebe kam abhanden“ verdeutlicht ja genau, wie sachlich die Liebe der beiden abgehandelt wird. Ebenso der Vergleich mit den verlorenen Gegenständen.
c) Auch wenn der Titel widersprüchlich klingt – er passt zur Situation im Gedicht: Es geht ja um einen Versuch, die Liebe noch einmal aufzuwärmen (versuchten Küsse, betrugen sich heiter), eine romantische Stimmung aufleben zu lassen. Zugleich wird aber deutlich, dass sie sich nichts mehr zu sagen haben, absolut lieblos und sachlich miteinander umgehen.

Seite 32/33:

4 Dass sich der Verfasser über damalige gesellschaftliche Kreise (Adel, Klerus, Staatsbeamte) und deren Denken über Liebe lustig macht, wird an der Darstellung der Personen deutlich.
Den Hofrat beschreibt er als einen dürren Menschen, der behauptet, Liebe brauche keine Sexualität; die Hofrätin jedoch seufzt nur, als sie hört, was ihr Mann spricht. Sie hat wohl genau diese Erfahrung mit ihrem Mann gemacht.
Dasselbe passiert in der 3. und 4. Strophe. Der Domherr als Vertreter der Kirche behauptet, Liebe dürfe nicht roh sein, sie schade sonst der Gesundheit. Das Fräulein sieht das ganz anders. Sie fragt nur erstaunt: Wieso? Die Gräfin hat wohl ähnliche Erfahrungen gemacht in ihrem Liebesleben, denn sie ist wehmütig.

5 Hier meldet sich das lyrische Ich selbst zu Wort. Und zwar im Gegensatz zur vornehmen Sprache der hohen Herren in einer ganz lockeren Sprechweise: Es spricht mit Verkleinerungsformen von Liebchen und Schätzchen, spricht seine Geliebte direkt an, sagt, dass sie den Herren etwas ganz anderes über Liebe und Liebesleben erzählen könnte – weil sie offenbar auch ganz andere Erfahrungen gemacht hat.

6 Das ironische Lächeln zeigt, dass sich die Hofrätin in Wirklichkeit lustig macht über die Aussage ihres Mannes, zwar freundlich lächelt, aber über Liebe ganz anders denkt als er.

Seite 34–36:

1 Mögliche Markierungen:
Analysiere den Text ... Formuliere eine Einleitung ... Nenne den Anlass ... Gib die verschiedenen Standpunkte wieder ... Erläutere an drei Textbeispielen ... Nimm Stellung ...

2 Textsorte: Sachtext, Zeitungsbericht
Autor/Quelle: Fabian Beutel/Westfälische Nachrichten vom 31.3.2008
Titel: Was Schüler über Lehrer sagen ...
Thema: Cybermobbing von Schülern gegenüber Lehrern via Internet-Plattformen „spickmich“ und „Schüler-VZ“

3 Anlass des Berichts ist das Cybermobbing an einigen Schulen in Münster (b).

4 Lehrerverbände (GEW, Philologenverband): Cybermobbing an Lehrern ein gewaltiges Problem, Verhaltenskodex zum Umgang mit dem Internet notwendig.
Bernd Dicks, Pressesprecher von „spickmich“: Vorwürfe sind übertrieben, Cybermobbingfälle höchst selten, wird sofort eingeschritten, Benotung von Lehrern fällt unter freie Meinungsäußerung.

5 Hinweise auf Harmlosigkeit des Portals:
- Z. 48/49: Lehrer übertreiben
- Z. 52/53: Mobbingfälle höchst selten, wird sofort reagiert
- Z. 65–67: Lehrerbenotung wird von Gerichten als freie Meinungsäußerung gewertet
- Z. 80/81: Lehrerbenotung fällt im Schnitt sogar recht gut aus

Seite 38:

1 In beiden Texten werden Erfahrungen von Menschen beschrieben, die aus dem Ausland kommen und eine Zeit lang in Deutschland leben.

2 Lösungsvorschlag:

	Lauren	**Christian**
Alter	23	33
Beruf	Umweltingenieurin	Geologe
Heimatland	USA	Chile
Aufenthaltsort in Deutschland	Radolfzell	Siegburg
Grund für den Gastaufenthalt	wollte als Umweltingenieurin in ein umweltbewusstes Land	Studium (Doktorarbeit)
Bemerkungen über ihre Sprachkenntnisse	konnte am Anfang kein Wort Deutsch, hat deshalb einen Sprachkurs besucht	konnte kein Deutsch, hat nur fünf Wochen einen Sprachkurs besucht, kann immer noch wenig Deutsch
Erfahrung mit Deutschen	Gastmutter hat kritisiert, dass sie zu oft ihre Wäsche wäscht erste Frau, die sie kennengelernt hat, hat sie nach Hause eingeladen	hat auch deutsche Freunde Freunde haben ziemlich viel Stress und wenig Zeit
Meinung über Deutschland	sehr umweltbewusstes Land, Deutsche sehr freundlich	Leben in Deutschland ist einfach, Verkehrsmittel sind gut, Leute beschweren sich zu viel (grundlos)

Seite 40/41:

3 Lösungsvorschlag:
Die vorliegenden Texte stammen aus einem Jugendmagazin. Es geht in beiden Texten um Ausländer, die in Deutschland leben. Lauren Fong ist von Beruf Umweltingenieurin und 23 Jahre alt. Sie kommt aus den USA und lebt augenblicklich in Radolfzell. Dort gefällt es ihr sehr gut. Sie ist nach Deutschland gekommen, weil Deutschland ein umweltbewusstes Land ist.
Am Anfang ihres Aufenthaltes waren ihre Sprachkenntnisse sehr gering, deshalb hat sie einen Sprachkurs besucht.
Mit Deutschen hat sie gute Erfahrungen gemacht: Die erste Frau, die sie kennengelernt hat, hat sie nach Hause eingeladen.

Aufgefallen ist ihr allerdings, dass manche Leute sie komisch anschauen, weil sie sehr viel lacht. Manche haben aber auch zurückgelächelt.

Christian Salazar Soto kommt aus Chile, ist 33 Jahre alt und will in Deutschland seine Doktorarbeit schreiben. Er lebt zurzeit in Siegburg. Ähnlich wie Lauren Fong hat er am Anfang wenig Deutsch gesprochen.
Er hat auch deutsche Freunde, aber seine besten Freunde kommen aus Lateinamerika. Seine deutschen Kollegen findet er zwar nett, aber „anders".
Aufgefallen ist ihm, dass viele Deutsche sich beschweren, obwohl das Leben in Deutschland doch so einfach ist.

Lauren Fong und Christian Salazar Soto haben unterschiedliche Erfahrungen mit Deutschen gemacht: Lauren Fong meint, dass die Deutschen freundlich sind. Dagegen glaubt Christian Salazar Soto, dass die Deutschen wenig Zeit für andere Menschen haben.

4 Lauren Fong:
– Viele Deutsche sind umweltbewusst und naturverbunden.
– Die Deutschen sind nicht so freundlich und man muss mehr tun, um Freunde zu finden.
Christian Salazar Soto:
– Deutschland ist sicher und sauber.
– In Deutschland muss man alles alleine organisieren.
– In Deutschland haben alle immer Stress.
– Die Züge sind pünktlich, schnell und sehr komfortabel.

Seite 42/43:

1 In der Geschichte wird sehr oft der Konjunktiv II verwendet, weil von etwas Vorgestelltem, Nichtwirklichem erzählt wird.
Bsp.: *„Damit die Fischlein nicht trübsinnig würden, gäbe es ab und zu große Wasserfeste". – „Es gäbe natürlich auch Schulen in den großen Kästen."*

2 Brecht kritisiert, dass die „Großen", also die Reichen und Mächtigen, die „Kleinen" ausnützen und unterdrücken. So übt er unter anderem Kritik an Schulen und „Kultur" (Ideologie, Gehorsam, Militär).

3 Konjunktiv II: wären, hätten, wegstürbe, würden, gäbe, könnten, müssten, sagten, lernten, verriete, tötete, strömten, begännen, dürften, bekämen
würde-Formen: würden bauen lassen, würden sorgen, würden Maßnahmen treffen, verletzen würde, würde ihm ein Verband gemacht, würden lernen, würden brauchen, würden unterrichtet werden, würden sorgen, würde beibringen, würden Kriege führen, würden führen lassen, würden lehren, würden verkünden, würden anheften, würden zeigen, würde lehren, würde aufhören, würden bekommen, würden sorgen

4 Wenn Hunde Menschen wären, würden sie den ganzen Tag vorm Fernseher liegen und Chips essen. Sie würden tagelang am Computer sitzen und anderen Hunden beim Laufen zuschauen. Sie würden nicht mehr mit anderen Hunden draußen spielen. Stattdessen hätten sie ihr Smartphone dabei und wären jederzeit erreichbar. Sie würden nicht mehr bellen, sondern würden über hundefacebook.de Bilder rundschicken. Wenn Hunde Menschen wären, würden sie sich immer nach der neusten Mode kleiden und gäben viel Geld aus.

Seite 44/45:

1 gute Mathematikkenntnisse/logisches Denken, Motivation, Sorgfalt und Genauigkeit, Belastbarkeit (auch unter Stress), Teamfähigkeit, Flexibilität

2 Du solltest dich in Mathematik auskennen und logisch denken können. Du musst auch motiviert, sorgfältig und genau arbeiten. Auch unter Stress solltest du belastbar sein. Weiterhin ist es wichtig, dass du im Team arbeiten kannst und flexibel bist.

3 Buchhändler/in:
Interesse an Büchern: Du musst dich für Bücher interessieren.
Freude am Umgang mit Menschen: Du solltest gerne mit Menschen umgehen/arbeiten.
Zuverlässigkeit: Außerdem musst du zuverlässig sein.

Kaufmann/-frau im Einzelhandel:
Freundlichkeit: Du musst freundlich sein.
passende Kleidung: Du musst dich angemessen kleiden.
sprachliche Ausdrucksfähigkeit: Außerdem musst du dich sprachlich gut ausdrücken können.

4 Lösungsvorschlag:
b) Wenn/Falls Probleme auftreten, muss man den Meister fragen.
c) Weil man an der Kfz-Elektronik arbeitet, braucht man gute technische Kenntnisse.
d) Obwohl Vorsichtsmaßnahmen getroffen werden, ist der Kontakt mit Schmierstoffen nicht zu vermeiden.
e) Damit man sich schützen kann, / Um sich zu schützen, sollte man daher mit Handschuhen arbeiten.
f) Nachdem man das Praktikum absolviert hat, weiß man, ob der Beruf zu einem passt.

5 „Die Betreuung der Praktikanten ist an der Schule gut organisiert." Unklar bleibt,
a) ob die Praktikanten von jemandem betreut werden
(Frage: Wer betreut die Praktikanten?)
b) oder ob die Praktikanten jemanden betreuen
(Frage: Wen betreuen die Praktikanten?).
Weiteres Beispiel: „Die Behandlung des Arztes war nicht erfolgreich."

Seite 46/47:

1

Prädikate	Infinitiv	Zeitform
traf ein	eintreffen	Präteritum
durfte	dürfen	Präteritum
versammeln	versammeln	Präsens
werden eingewiesen	einweisen	Präsens
stand	stehen	Präteritum
ist	sein	Präsens
lernte kennen	kennenlernen	Präteritum
wurden gezeigt	zeigen	Präteritum
reinpasst	reinpassen	Präsens
hat	haben	Präsens
eingehalten werden	einhalten	Präsens
muss	müssen	Präsens
gibt	geben	Präsens
helfen kann	helfen können	Präsens

2 fand statt, bespricht, versammeln, bekam, gingen, durfte, löschte, gebe zu, lernte kennen, konnte, träumt, kam, gefiel, lernte kennen, erzeugt, durfte, war, muss, denke, fällt auf, muss, retten, helfen, hat, bedenkt, hoffe

3 Lösungsvorschlag:

Präsens:
– Schilderung von Fakten/Tatsachen („da dieser Beruf noch immer eine starke Männerdomäne ist")
– Schilderung von regelmäßigen Abläufen/Routinen („Hierbei versammeln sich alle Feuerwehrmänner und werden in ihre Aufgaben eingewiesen.")

– Schilderung eines aktuellen Zustandes („Alles hat seine Ordnung, die auch stets eingehalten werden muss.")

Präteritum:
– Schilderung zurückliegender Handlungen: der „eigentliche" Praktikumsbericht

4 Lösungsvorschlag:
– Ich habe mit den Feuerwehrleuten gemeinsam gefrühstückt.
– Ich habe auch einmal mit dem Feuerwehrschlauch gelöscht!
– Ich habe das Tankfahrzeug besser kennengelernt.
– Ich habe Dinge tun können, von denen jeder kleine Junge träumt!
– Ich habe den Wasserlüfter kennengelernt und
– habe mich von dem riesigen Ventilator richtig durchwehen lassen.

5 Im Mündlichen wird in der Regel das Perfekt verwendet, wenn von etwas Vergangenem berichtet wird. Im schriftlichen Bericht wird vor allem das Präteritum benutzt.

Seite 48/49:

1 a) Bald müssen wir ein Praktikum machen, um zu sehen, welcher Job uns gefällt. Obwohl ich lieber in ein Designerbüro gehen würde, werde ich mir vielleicht zunächst eine Anwaltskanzlei angucken. Auf jeden Fall will ich das Abi bestehen, damit ich studieren kann und weil meine Eltern das erwarten. Aber ich glaube, dass man genauso zufrieden sein kann, wenn man kein Abitur hat. Handwerker werden schließlich immer gebraucht. Es geht ja nicht nur um Kohle, sondern auch darum, wie man sein Leben am schönsten findet.

b) Wenn nicht viele Leute um mich herum sind, wäre das ungewohnt. Zu Hause habe ich elf Geschwister. Nachmittags lerne ich die Gebärdensprache, weil mein Traumberuf Taubstummenlehrerin ist. Das ist gar nicht so schwer, wie man denkt! Viel leichter als zum Beispiel im Spanischunterricht. Ich habe eine Mail-Adresse, obwohl ich den PC eher selten benutze. Bei Facebook oder so findet man mich nicht, weil meine Familie mir Social Network genug ist!

2 Zum Lernen habe ich nicht immer Lust, vor allem nicht auf Deutsch und Englisch. Im Moment komme ich damit trotzdem ganz gut klar, weil die Lehrer nett sind und geduldig erklären können. (Grund) Wenn ich keinen Nerv auf Hausaufgaben habe, ist meine Mutter da ganz schön hinterher. (Bedingung) Solange ich nicht alles weggearbeitet habe, darf ich keine Freunde treffen. (Zeit) (...)

3 In dieser Reihenfolge werden die Verbindungswörter eingesetzt: weil, um hineinzuschnuppern, Während, als, sodass, da/weil, Obwohl, Nachdem, damit.

4 Lösungsvorschlag:
Ein Praktikum während der Schulzeit macht man, damit man herausfindet/um herauszufinden, welchen Job man später einmal machen möchte.
Wenn man den gewünschten Praktikumsplatz nicht bekommt, darf man nicht aufgeben, sondern sollte sich überlegen, welcher andere Job einen interessiert.
Bevor man ein Praktikum beginnt, sollte man sich über den Beruf und die Firma informieren.
Während man das Praktikum absolviert, sollte man so viele Erfahrungen wie möglich sammeln.
Nachdem man das Praktikum gemacht hat, muss man einen Praktikumsbericht verfassen.

Seite 50/51:

1 (...) Nur wenn man die Hausaufgaben an die neuen schulischen Bedingungen anpasst, hält Gängler sie für sinnvoll. „Wenn Schüler den Stoff vormittags nicht begriffen haben, bringen klassische Hausaufgaben wenig oder gar nichts." Gängler meint, Hausaufgaben seien nur vertretbar, wenn sie zur gezielten Wiederholung des Stoffs eingesetzt würden.

Hausaufgaben sind dann sinnvoll,
– wenn man sie an die neuen schulischen Bedingungen anpasst.
– wenn die Schüler den Stoff vormittags begriffen haben.
– wenn sie gezielt den Unterrichtsstoff wiederholen.

2 Wenn Schüler Hausaufgaben als interessant und nützlich empfinden, erledigen sie diese sorgfältiger.
Wenn Hausaufgaben auf Druck der Eltern gemacht werden, bringen sie wenig.
Wenn Kinder selbst um Hilfe fragen, dann ist es okay, sie zu unterstützen.
Wenn Kinder aber ständig Unterstützung brauchen, dann läuft etwas schief.

4 a) Wenn der Schüler die Hausaufgaben nicht versteht, (dann) kann er sie gemeinsam mit anderen machen.
b) Wenn der Schüler die Hausaufgaben nicht allein schafft, (dann) kann er den Lehrer fragen.
c) Wenn der Schüler sich unsicher fühlt, (dann) kann er den Stoff noch einmal wiederholen und üben.
d) Wenn im Unterricht alles zu schnell ging, (dann) kann der Schüler mit seinem eigenen Tempo arbeiten.

5 Lösungsvorschlag:
a) Wenn Schüler ihren eigenen Arbeitsplatz haben, (dann) können sie sich besser konzentrieren.
b) Wenn festgelegt wird, wann die Hausaufgaben erledigt werden, (dann) kann man sie nicht vergessen.
c) Wenn Schüler länger arbeiten, (dann) sollten sie Entspannungsphasen einbauen.
d) Wenn man mit leichteren oder interessanteren Aufgaben beginnt, (dann) ist man motivierter.

Weitere Tipps:
e) Wenn eine Aufgabe schwierig erscheint, (dann) sollte man nicht sofort aufgeben.
f) Wenn man zu spät mit den Hausaufgaben beginnt, (dann) ist man müde und kann sich nicht mehr richtig konzentrieren.

Tipps a) und d) hören sich besser an, wenn der Bedingungssatz nach dem Hauptsatz steht.

Seite 52/53:

1 a)

Einen (sachlichen) Brief überarbeiten	☺	😐	☹
Richtige Anredeform gewählt?			x
Ort und Datum angegeben?			x
Anredepronomen großgeschrieben?			x
Brief übersichtlich gegliedert, Abschnitte gemacht?		x	
In der Einleitung gesagt, worum es im Brief gehen soll?	x		
Argumente überzeugend vorgebracht?		x	
Anliegen am Schluss des Briefes noch einmal wiederholt und verstärkt?	x		
Grußformel am Ende des Briefes passend?			x

b)

Hallo Frau Schulministerin!	Form: Standardformel „Sehr geehrte/r ...“ benutzen
Ich schreibe einen Brief an Sie, weil ich denke, dass wir zu viele Hausaufgaben aufbekommen.	Anredepronomen großschreiben
Wahrscheinlich sind Sie da anderer Meinung, ich versuche aber trotzdem, Sie davon zu überzeugen. **Normal** sind Hausaufgaben ja dafür da, dass man **was** lernt und den Stoff aus der Schule wiederholt,	Eigentlich, normalerweise; etwas
aber da die Lehrer sich oft nicht untereinander absprechen oder Hausaufgaben aufgeben, die unklar sind, **bringt das nicht so viel**.	„das“ → die Hausaufgaben
Denn wenn man zu viel aufhat und dann unkonzentriert und genervt vor den Hausaufgaben sitzt, bringt es gar nichts, sie zu machen, und dadurch lernt man auch nicht mehr.	
Man könnte viel besser weniger aufgeben so wäre der Effekt, den man durch Hausaufgaben erzielen will, genauso gut, wenn nicht sogar noch größer.	Es wäre viel besser, wenn die Lehrer weniger aufgeben würden.
Wenn Schüler fleißig arbeiten, dauern Hausaufgaben an manchen Tagen über mehrere Stunden, wenn man dann keine Zeit mehr zum Lernen oder für die Nachhilfe hat, **ist es echt problematisch**.	ist das wirklich problematisch
Unter anderem für **Leute**, die in einem Verein sind, z. B. wie bei mir im Sportverein, ist es ein großes Problem. Diese **Leute** können dann nicht zum Training und manchmal auch nicht zum Spiel, weil einfach so viele Hausaufgaben auf sind.	statt „Leute“: Schüler, Jugendliche, Kinder
Dennoch finde ich, man sollte zwar welche aufgeben, weil es sinnvoll ist, doch man sollte nicht übertreiben.	
Jugendliche sollen immer noch Zeit für Hobbys und andere Sachen haben. **Außerdem**, wenn man die **HA** nicht versteht, werten die Lehrer das genauso, als hätte man es vergessen.	Keine Abkürzungen verwenden und umformulieren: Außerdem finde ich es nicht fair, dass Lehrer nicht unterscheiden, ob man seine Hausaufgaben nicht verstanden oder vergessen hat.
Ich weiß ja nicht, ob Sie eigene Kinder haben, aber Sie waren ja jedenfalls auch in der Schule. Wenn Sie auch viel aufbekommen haben, wissen Sie ja, was ich meine. Also bitte ich Sie darum, sich dafür einzusetzen, dass es nicht so weitergeht und dass wir weniger Hausaufgaben aufbekommen.	zu persönlich!
Alles Liebe	Zu persönlich, besser „Mit freundlichen Grüßen“
Justin	

2 Lösungsvorschlag:

Sehr geehrte Frau Schulministerin,

ich schreibe einen Brief an Sie, weil ich denke, dass wir zu viele Hausaufgaben aufbekommen. Obwohl Sie wahrscheinlich anderer Meinung sind, möchte ich versuchen, sie davon zu überzeugen.
Eigentlich sind Hausaufgaben dazu da, etwas zu lernen und den Stoff aus der Schule noch einmal zu wiederholen. Da die Lehrer sich aber oft nicht untereinander absprechen oder Hausaufgaben aufgeben, die unklar sind, bezweifle ich, dass die Hausaufgaben wirklich hilfreich sind. Denn wenn man zu viel aufhat und dann unkonzentriert und genervt vor den Hausaufgaben sitzt, bringt es gar nichts, sie zu machen, und ich denke, dass man dadurch auch nicht mehr lernt. Ich glaube, dass es besser wäre, weniger aufzugeben, weil der Effekt, den man durch Hausaufgaben erzielt, dann genauso groß, wenn nicht sogar noch größer wäre.
Darüber hinaus bin ich der Ansicht, dass es problematisch ist, wenn den Schülern wegen der vielen Hausaufgaben keine Zeit mehr zum Lernen oder für die Nachhilfe bleibt. Die vielen Hausaufgaben sind außerdem ein Problem für Jugendliche, die in einem Verein sind und nicht mehr genug Zeit zum Trainieren haben. Deswegen finde ich, dass Lehrer zwar Hausaufgaben aufgeben sollten, weil es sinnvoll ist, dass sie es aber nicht übertreiben sollten. Denn ich denke, dass Jugendliche neben der Schule immer noch Zeit für Hobbys und andere Sachen haben sollten. Außerdem finde ich es nicht fair, dass Lehrer nicht unterscheiden, ob man seine Hausaufgaben nicht verstanden oder vergessen hat.
Vielleicht erinnern Sie sich noch an Ihre Schulzeit: Wenn Sie auch viele Hausaufgaben machen mussten, wissen Sie bestimmt, was ich meine. Also bitte ich Sie darum, sich dafür einzusetzen, dass wir in Zukunft weniger Hausaufgaben aufbekommen.

Mit freundlichen Grüßen

Justin

3 Lösungsvorschlag:
1. Tipp: Achte auf die Anrede!
2. Tipp: Werde nicht zu persönlich!
3. Tipp: Gliedere deinen Brief so, dass er übersichtlich ist!
4. Tipp: Schreibe möglichst abwechslungsreich!

Seite 54/55:

1 Zitat 1: „Dabei werden Kinder zum Beispiel beschimpft ...“
Zitat 2: „Davon spricht man erst, wenn jemand ...“
Zitat 3: „Ein Schwächerer steht einem überlegenen Einzelnen ...“
Zitat 4: „Vielleicht ist ein Schüler neu in der Klasse, trägt ...“
Zitat 5: „Der tiefere Grund für das Mobbing hat mehr ...“
Zitat 6: „Oft schämen sie sich dafür und suchen die Schuld ...“

2 Lösungsvorschlag:

... Johann Haffner, Psychologe in der Kinder- und Jugendpsychiatrie der Universität Heidelberg, führt aus: „Dabei werden Kinder zum Beispiel beschimpft oder lächerlich gemacht. Es werden Lügen über sie in Umlauf gesetzt oder ihre Mitschüler reden nicht mehr mit ihnen.“
Dabei ist nicht jedes Hänseln oder jeder Streit automatisch Mobbing. Der Psychologe fasst zusammen: „Davon spricht man erst, wenn jemand über einen Zeitraum von mehreren Wochen oder Monaten systematisch schikaniert wird.“
Als weiteres Kriterium komme hinzu, dass ein Schwächerer einem überlegenen Einzelnen oder einer ganzen Gruppe gegenüberstehe. „Der Anlass für die Schikanen ist meist willkürlich gewählt“, berichtet Haffner. „Vielleicht ist ein Schüler neu in der Klasse, trägt eine Brille oder spricht mit einem anderen Dialekt.“
Jo-Jacqueline Eckardt, Autorin des Buches „Mobbing bei Kindern“, weist darauf hin, dass der tiefere Grund für das Mobbing mehr mit dem Angreifer zu tun habe als mit dem Opfer.
... Die Buchautorin führt aus, dass sich die Opfer oft dafür schämten/schämen würden und die Schuld für das Mobbing bei sich suchten/suchen würden. Viele zögen sich nach Angriffen zurück/würden sich nach Angriffen zurückziehen und verheimlichten ihr Leiden/würden ihr Leiden verheimlichen. In manchen Fällen komme auch der Druck der Täter hinzu, niemandem etwas über die Vorfälle zu berichten.“

Im letzten Abschnitt müssen auch Formen des Konjunktivs II oder die *würde*-Ersatzform verwendet werden.

Seite 56/57:

1 Liebe auf den ersten Klick
Das Thema ist der Albtraum der meisten Eltern: (Erklärung im Schülerband Seite 218 unter 3.1.) Sohn oder Tochter verlieben sich übers Internet. Denn als sie selbst jung waren, (2.1.1.) gab es diese Möglichkeit des Kennenlernens noch nicht. Für viele Jugendliche dagegen ist es heute normal, (2.3.) im Netz Fotos auszutauschen, (1.2.) für die Schule zu recherchieren – (3.3.) und eben neue Kontakte zu knüpfen.

Dazu muss man sich gar nicht – (3.3.) wie das Erwachsene gern tun – (3.3.) bei Agenturen anmelden, (2.1.2.) die Leuten bei der Partnersuche helfen. Die beliebtesten Adressen von Jugendlichen sind soziale Netzwerke wie SchülerVZ, (1.1.) Myspace oder Facebook. Schließlich ist dort fast jeder: (3.1.) 84 Prozent der 12- bis 19-Jährigen besuchen die Online-Netzwerke regelmäßig, (1.3.) bei den bis zu 13-Jährigen sind es immerhin auch schon 70 Prozent.

2 Lösungsvorschlag:
Ganz praktisch ist, (2.1.2.) dass man dort unauffällig mehr über die oder den Angebeteten aus der Schule erfahren kann: (3.1.) Welche Musik er oder sie mag – (3.3.) zum Beispiel.
Wenn es darum geht, (2.1.1.) das Traummädchen aus der Parallelklasse anzusprechen, (2.1.1.) kann das Internet durchaus hilfreich sein: (3.1.) Es fällt manchem Jungen leichter, (2.3.) ihr einfach eine Nachricht zu schicken, [Infinitivgruppen, die mit „als" eingeleitet werden, werden durch Komma abgetrennt] als mit zittrigen Knien vor der Angebeteten zu stehen und keinen Satz herauszubringen. [Ende eines Gedankengangs] Oder er spricht sie einfach im Chat auf ihre Interessen an: (3.1.) Welchen Fußballverein findet sie gut, (1.3.) welche Band steht bei ihr gerade hoch im Kurs? [Frage]
Er muss noch nicht mal überlegen, (2.1.2.) was er anzieht, (1.3.) sondern sitzt bequem zu Hause in der Jogginghose. Natürlich gilt auch im Internet: nicht zu viel preisgeben. Also sich bitte nicht bei SchülerVZ im Bikini-Foto präsentieren. Schließlich würde auch niemand in diesem Outfit über den Schulhof stolzieren.
Was ihr ins Internet stellt, (2.1.1.) muss gut überlegt sein, (1.3.) denn das Netz vergisst nichts. So googeln beispielsweise Chefs regelmäßig Bewerber. Wenn sie dabei bei einem Kandidaten auf die Gruppe „Schule schwänzen" stoßen, (2.1.1.) macht sich das nicht so gut! [Betonung] Außerdem können im Netz veröffentlichte Fotos weitergeleitet werden und an anderer Stelle wieder auftauchen. Es sollten also auf keinen Fall Bilder, (1.1.) Adressen und Telefonnummern freigegeben werden, (2.1.2.) die Fremde nicht einsehen sollten.
Heikel wird es, (2.1.2.) wenn ihr euch im Internet für jemanden interessiert, (2.1.2.) den ihr nicht aus dem echten Leben kennt. Spätestens dann müsst ihr sehr vorsichtig sein. Schließlich kann hinter dem unbekannten 14-Jährigen mit dem guten Musikgeschmack ein Erwachsener mit bösen Absichten stecken. Foto und Name sind ganz leicht zu fälschen.

3 1. Schütze deine Privatsphäre. Überlege dir genau, welche Informationen du über dich ins Internet stellst. Poste keine Bilder oder Texte, die später einmal gegen dich verwendet werden könnten. Persönliche Daten wie Name, Adresse, Handynummer, Passwörter etc. behältst du lieber für dich. Nutze in deinen Communities die Einstellungen zur „Privatsphäre", wenn Fremde nichts über dich erfahren sollen.
2. Nicht alles ist wahr. Sei misstrauisch bei Behauptungen, die komisch oder gar bedrohlich sind! Checke Infos aus dem Internet daher besser mehrfach.
3. Urheberrechte beachten. Das Anbieten und Weiterverwenden von Musik, Videos, Bildern und Software ist – ohne Einwilligung der Urheber/innen – verboten. Mehrere Tausend Euro Strafe können die unschöne Folge sein. Führe immer eine Quellenangabe an, wenn du Textteile anderer Autor/innen verwendest.
4. Das Recht am eigenen Bild. Die Verbreitung von Fotos oder Videos, die du im Netz findest, ist meist nicht erlaubt.
5. Umsonst gibt's nichts. Auch im Internet ist selten etwas wirklich kostenlos. Sei bei „Gratis"-Angeboten stets misstrauisch, wenn du dich mit deinem Namen registrieren musst.
6. Wenn dir etwas komisch vorkommt, sag es. Wenn du einmal kein gutes Gefühl beim Surfen hast, sprich darüber mit Erwachsenen, denen du vertraust. Antworte nicht auf Nachrichten, die komisch oder bedrohlich sind.
Bei www.rataufdraht.at erhältst du kostenlos, anonym und rund um die Uhr telefonische Hilfe, wenn du nicht mehr weiterweißt.

4 Lösungsvorschläge
Schütze deine Privatsphäre: Überlege dir genau ...
Persönliche Daten – wie Name, Adresse, Handynummer, Passwörter etc. – behältst du lieber für dich.
Nicht alles ist wahr!
Urheberrechte beachten!
Das Recht am eigenen Bild: Die Verbreitung ...
Umsonst gibt's nichts!
Wenn dir etwas komisch vorkommt, sag es!

Seite 58:

1 **Alle gegen einen – Mobbing an Schulen**
Wenn Konflikte und Streitereien gar nicht aufhören, macht es keinen Spaß mehr, in die Schule zu gehen. Manche Schüler werden ständig ausgegrenzt und fertiggemacht. Von Mobbing ist die Rede, wenn jemand immer wieder gezielt gedemütigt und/oder angefeindet wird. Wie erkennst du Mobbing – und was kannst du dagegen tun?
Das Wort „Mobbing" kommt aus dem Englischen und heißt übersetzt „anpöbeln" und „fertigmachen". Das kann auf unterschiedliche Arten geschehen. Zum Beispiel wenn alles, was ein Schüler sagt, scharf kritisiert oder einfach lächerlich gemacht wird. Oder der Schüler von allen geschnitten und völlig ignoriert wird. Auch erfundene Geschichten und Lästereien werden verbreitet, um Schüler bloßzustellen, und man verpasst ihnen boshafte, erniedrigende „Spitznamen". Mobbing kann sich im Extremen zu Straftaten wie Erpressung und körperlicher Gewalt steigern. Die Täter zwingen etwa ihr Opfer, sein Taschengeld abzugeben, drohen ihm Gewalt an oder verprügeln es sogar regelmäßig. Mobbing geschieht immer gezielt über längere Zeit und geht über die normalen Schulkonflikte hinaus.
Gibt es an deiner Schule Mobbing? Kennst du Betroffene, oder bist du selbst betroffen? Dann sieh nicht weg und such dir Hilfe! Mobbing kann oft nur professionell gelöst werden. Ausgebildete Lehrer und Psychologen können dir oder anderen dabei helfen, aus der Situation herauszukommen. Sprich mit deinen Eltern darüber, und wende dich am besten an deinen Vertrauenslehrer oder an Beratungsstellen. *Carola Beck*

2 Die Sätze stehen im Passiv, weil es in diesem Zusammenhang unwichtig ist, wer die Handlungen ausführt.

3 Lösungsvorschlag:
1. Wirst du von den anderen Schülern häufig ausgelacht?
2. Werden/Wurden regelmäßig Sachen von dir versteckt?
3. Wurdest du schon mehrmals bedroht?
4. Werden/Wurden bösartige Gerüchte über dich verbreitet?
5. Wurdest du schon einmal erpresst und unter Druck gesetzt?
6. Wirst/Wurdest du schon einmal ausgeschlossen, wenn du dich zu einer Gruppe dazustellst?
7. Wirst du nie eingeladen, wenn sich die anderen zu einer Party verabreden?
8. Werden/Wurden blöde Bemerkungen über deine Kleidung gemacht?

4 Lösungsvorschlag:
9. Wirst/Wurdest du von anderen ignoriert oder geschnitten?
10. Wirst/Wurdest du von anderen Schülern lächerlich gemacht?
11. Wurde dir ein boshafter Spitzname verpasst?

Seite 59:

1 **Innenminister verlieh Preise für Zivilcourage**
Innenminister Karl Peter Bruch hat den „Preis für Zivilcourage" verliehen. „Wir zeichnen Menschen aus, die in Notlagen besondere Zivilcourage gezeigt und sich für andere eingesetzt haben", so Bruch in seiner Rede. „Zivilcourage ist Mut im täglichen Leben,

eine unerschrockene Haltung, ein entschlossenes Verhalten im Alltag. Sie hat aber gerade nichts mit falsch verstandenem Heldentum zu tun, niemand muss seine Gesundheit oder sogar sein Leben aufs Spiel setzen. Oft ist es schon hilfreich, andere ebenfalls zum Handeln zu animieren, um Unterstützung zu bitten oder die Polizei zu benachrichtigen", sagte der Minister. Innenminister Karl Peter Bruch verlieh zudem in diesem Jahr zehn Jugendpreise für Zivilcourage.
Er zeigte sich stolz und dankbar für die Leistungen der diesjährigen Preisträger. „Die Zivilcourage eines jeden Einzelnen heißt Flagge zeigen gegen jegliche Angriffe auf unsere Grundrechte. Zivilcourage ist für ein friedliches Zusammenleben, für die Verhinderung von Aggressionen gegen Schwächere und die Diskriminierung von Minderheiten in der Demokratie unverzichtbar und zugleich Aufgabe von uns allen", betonte der Minister.

2 Djamal Belamri hat sich vorbildlich um eine gestürzte und bereits als vermisst gemeldete Seniorin gekümmert. Selbst nachdem die Polizei eingetroffen war, blieb er so lange bei der verletzten Frau, bis der Rettungswagen sie aufnahm und in ein Krankenhaus brachte.
Tatjana Fuhr rettete einen jungen Mann vor dem Selbstmord. Sie interpretierte dessen Äußerungen in einem Internetchat richtig und benachrichtigte in letzter Minute die Polizei, die ihn vor der Tat bewahrte: Um den Beamten mehr Zeit zu verschaffen, hatte sie den jungen Mann vorher in einen langen Chat verwickelt.

3 Die gelb markierten Verben stehen im Plusquamperfekt. Dadurch werden Handlungen oder Geschehnisse geschildert, die weiter zurückliegen als jene, die im Perfekt oder Präteritum beschrieben werden.

Seite 60:

1 **Suchtgefährdende Computerspiele: Verbote für Jugendliche gefordert**
Das Institut des Kriminologen Christian Pfeiffer legte am heutigen Montag eine Untersuchung vor, nach der mehr als 14.000 Neuntklässler nach medizinischen Kriterien süchtig nach Computerspielen seien. Weit mehr als 23.000 Jugendliche seien stark gefährdet, so Pfeiffer. Spielen allein führe noch nicht automatisch zu einer Abhängigkeit, aber das Spielen von Online-Rollenspielen verstärke das Risiko. Das gelte vor allem für das Spiel „World of Warcraft".
Auch die niedersächsische Sozialministerin will gegen solche Spiele vorgehen: Das Ziel sei, Programme wie das Online-Rollenspiel „World of Warcraft" künftig für Jugendliche zu verbieten. Möglichst schnell müssten die Bewertungskriterien geändert werden, nach denen die Altersfreigabe von Computerspielen festgelegt wird. Nur Erwachsene sollten in Zukunft solche Spiele noch kaufen dürfen.
Ein Bildungspolitiker verlangte auch ein Verbot für Videospiele, die Gewalt verherrlichen: Er glaubt, dass solche Gewaltspiele eine negative Wirkung auf Jugendliche ausübten/ausüben würden. Ein Verbot habe nur dann Sinn, wenn es auch im Internet durchgesetzt wird/werde. Der Politiker meint, die Zeit der Ausflüchte sei vorbei. Wir brauchten entsprechende Web-Filter, die von den Internet- Providern betrieben werden.

2 Die indirekte Rede wird vor allem in Zeitungen sowie in Rundfunk- und Fernsehnachrichten gebraucht. Die Verben stehen im Konjunktiv I: *Das Computerspielen führe nicht automatisch zur Abhängigkeit.*
Wenn die Formen im Konjunktiv I sich von den Formen im Indikativ nicht unterscheiden (*Pfeiffer sagt, dass Gewaltspiele eine negative Wirkung ausüben*), setzt man den Konjunktiv II oder die würde-Form ein: *Er sagt, Gewaltspiele übten/würden eine negative Wirkung ausüben.*
In der dritten Person Singular steht immer der Konjunktiv I, weil er sich vom Indikativ unterscheidet.

Seite 61:

1 Lösungsvorschlag
b) Die Feuerwehr rückt nicht nur bei Bränden aus.
c) Auch bei Unfällen, vollgelaufenen Kellern oder verletzten Tieren wird zunächst oft die Feuerwehr gerufen.
d) Übrigens durfte ich beim Löschen nicht helfen.
e) Wegen der schweren Uniform konnte ich mich kaum bewegen.
f) Zum Lenken der Drehleiter habe ich ein Joystick benutzt.
g) Nach Abschluss des Praktikums hat sich mein Bild von der Feuerwehr gründlich geändert.
h) Trotz der Anstrengung bin ich von diesem Beruf immer noch total begeistert.

2 a) Während ich das Praktikum gemacht habe, ... → *Zeit: temporal*
b) ..., wenn es brennt. → *Bedingung: konditional*
c) Auch wenn Unfälle passieren, Keller volllaufen oder Tiere verletzt auf der Straße liegen, ... → *Bedingung: konditional*
d) ..., als die Feuerwehr einen Brand löschte. → *Zeit: temporal*
e) Weil die Feuerwehruniform aber so schwer war, ... → *Ursache/ Grund: kausal*
f) Um die Drehleiter zu lenken, ... → *Infinitivsatz: final*
g) Nachdem ich das Praktikum abgeschlossen hatte, ... → *Zeit: temporal*
h) Obwohl ich mich sehr anstrengen musste, → *Einschränkung: konzessiv*

Seite 62/63:

2 falsche Schreibweise gestrichen:
- Z. 2: ~~Schiffahrtswegen~~ – Schifffahrtswegen
- Z. 3: Kanarischen – ~~kanarischen~~
- Z. 6: ~~untersuchung~~ – Untersuchung
- Z. 7: dass – ~~das~~
- Z. 8: ~~Gehör geschädigt~~ – gehörgeschädigt
- Z. 9: ~~Gereusch~~ – Geräusch
- Z. 10/11: zufolge – ~~zu Folge~~
- Z. 13: ~~Kolisionen~~ – Kollisionen
- Z. 14: Folgen – ~~folgen~~
- Z. 14: weitaus – ~~weit aus~~
- Z. 15: ~~zuhören~~ – zu hören
- Z. 19: ~~Zu dem~~ – Zudem
- Z. 19: Kommunikation – ~~Komunikation~~
- Z. 21: ~~aussterben~~ – Aussterben
- Z. 22: ~~ackustische~~ – akustische
- Z. 23: untereinander – ~~unter einander~~
- Z. 24: Signale – ~~Siegnale~~
- Z. 25: ~~reflektirt~~ – reflektiert
- Z. 26: orientieren – ~~orientiren~~

3 Lösungsbeispiele:

Untersuchung
Untersuchung mit großem U, weil es ein Nomen ist. Dies erkennt man an dem vorangehenden Artikel „die".
Weitere Beispiele: der Lärm, die Population, das Lebewesen

Kollision
Kollision mit zwei l, weil die 1. Silbe geschlossen ist und die 2. mit l beginnt.
Weitere Beispiele: die Kommunikation, das Wasser, die Schiffe

zum Aussterben verurteilt sei ...
Aussterben mit großem A, weil es in diesem Fall ein Nomen ist. (= zu dem Aussterben)
Weitere Beispiele: zur Sicherheit, zum Aufschreiben, zum Anklopfen

zudem
zudem wird zusammengeschrieben, weil es ein Adverb ist.
Es ersetzt Wörter wie „außerdem" und „noch".
Weitere Beispiele: dazu, überdies

reflektiert
reflektiert mit ie, weil das i ein langer Vokal ist.
Weitere Beispiele: Spiel, liegen, Wiege

Seite 64/65:

1, **2** Bismarckstraße, Schlossplatz, Hauptstraße, Ringelblumenweg (K 162)
Am Neuen Forsthaus, An den Drei Eichen, An der Kaimauer, Im Alten Garten (K 116)
Neutor, Hochstraße, Altmark, Schnellweg (K 116, Beispielspalte)
Leipziger Straße, Am Frankfurter Platz, Bremer Tor, Kölner Platz (K 162.2)
Georg-Mendel-Straße, Am Georg-Büchner-Platz, Freiherr-vom-Stein-Platz, Friedrich-Ebert-Straße (K 162.3)

4 Fahre von der Schule geradeaus über die Overbergstraße in die Goethestraße. Überquere den Everskamp und fahre in die Bahnhofstraße. Lasse Coesfelder Straße, Neuer Damm, Friedrich-Schiller-Straße und Lindenweg links liegen. Nach einigen Hundert Metern überquerst du eine Bahnlinie. Die Straße heißt jetzt Neudamm. Folge dieser Straße ungefähr 500 Meter bis an den Bolzplatz. Dort biege in die Dorfstraße ein. Nicht An der Dicken Eiche wählen. Nach etwa weiteren 500 Metern geht es links ab in die Freiherr-vom-Stein-Straße. Du musst jetzt etwa einen Kilometer immer geradeaus fahren. Unterwegs nicht mehr abbiegen, Borkener Damm, Grünweg, An der alten Buche und Zum Heubach rechts liegen lassen! An der Haltestelle Am Sportplatz warte ich auf dich.

6 die Olympischen Spiele – der olympische Wettkampf
der Große Bär – der große Elefant
der Erste Mai – der erste Wettkampf
das Schwarze Meer – die schwarze Farbe
der Blaue Nil – der blaue Fleck

8 das Brandenburger Tor, das Erste Deutsche Fernsehen, der Alte Fritz, das Europäische Parlament, die Sozialdemokratische Partei Deutschlands, das Rheinische Schiefergebirge, das Tote Meer, der Wiener Kongress, der Deutsche Fußballbund, das Weiße Haus, die Französische Revolution, der Atlantische Ozean, der Bayrische Wald, der Deutsche Bundestag, der Große Belt, der Große Kurfürst, der Schiefe Turm von Pisa, der Zweite Weltkrieg, die Europäische Gemeinschaft, die Schwäbische Alb, Karl der Große

Das Adjektiv/Zahladjektiv im ersten Wort gehört immer zum Namen. Deshalb wird es großgeschrieben (K 134).

9 a) das Tote Meer, der Atlantische Ozean, der Große Belt
b) die Schwäbische Alb, der Bayrische Wald, das Rheinische Schiefergebirge
c) Karl der Große, der Alte Fritz, der Große Kurfürst
d) das Europäische Parlament, das Erste Deutsche Fernsehen, der Deutsche Bundestag
e) das Brandenburger Tor, das Weiße Haus, der Schiefe Turm von Pisa
f) die Sozialdemokratische Partei Deutschlands, die Europäische Gemeinschaft, der Deutsche Fußballbund
g) die Französische Revolution, der Wiener Kongress, der Zweite Weltkrieg

10 a) die neue Mode, die Neue Welt (Amerika), das Neue Testament
b) die westfälische Landschaft, der Westfälische Friede
c) das stille Wasser, das stille Kind, der Stille Ozean
d) das Rote Meer, das rote Kleid, der Rote Platz (in Moskau), die Rote Beete, der rote Faden, das Rote Kreuz (Organisation)
e) der Erste Mai, der Erste Weltkrieg, das Erste Programm
f) der Gelbe Fluss (in China), die g/Gelbe Karte (beides möglich), das gelbe Tuch
g) die großen Ferien, der Große Bär (Sternbild)
h) das ewige Eis, das ewige Leben, die Ewige Stadt (Rom)
i) die g/Grüne Lunge (beides möglich), die Grüne Insel (Bezeichnung für Irland), die grüne Welle

11 Lösungsvorschlag:

Ergänzungen Aufgabe 9:
a) der Pazifische Ozean, das Kaspische Meer
b) das Westfälische Tiefland, die Märkische Schweiz
c) Hägar der Schreckliche, Katharina die Große
d) die Berliner Verkehrsbetriebe, die Deutsche Bahn
e) der Kölner Dom, die Chinesische Mauer
f) der Prager Fenstersturz, der Dreißigjährige Krieg
g) die Europäische Union, die Christlich Demokratische Union Deutschlands

Ergänzungen Aufgabe 10:
a) das neue Jahr, die n/Neuen Medien (beides möglich), die neue Hose
b) der westfälische Schinken, die Westfälische Wilhelms-Universität (in Münster), die westfälische Bevölkerung
c) das stille Örtchen, der Stille Freitag (Karfreitag), das stille Mädchen
d) der rote Teppich, die Rote Armee (Sowjetarmee), die rote Farbe, die rote Grütze, der Rote Planet (Mars), die roten Blutkörperchen
e) das erste Mal, die Erste Bundesliga, die e/Erste Hilfe (beides möglich)
f) der gelbe Sack, die Gelben Seiten, das g/Gelbe Trikot (im Radsport) (beides möglich)
g) die große Pause, der Große Wagen (Sternbild), die g/Große Koalition (beides möglich)
h) das e/Ewige Licht (beides möglich), der ewige Frieden, die ewige Verspätung des Zuges
i) das Grüne Gewölbe (Dresden), der grüne Salat, die grüne Hölle (tropischer Urwald)

Seite 66/67:

1 Lösungsvorschlag:

Adjektiv: Adjektive beschreiben Nomen genauer, bewerten Handlungen oder vergleichen Sachverhalte. Beispiel: *fremd, mutig, traurig*

Akkusativ: Der Akkusativ ist im Deutschen der 4. Fall. Man kann ihn durch „Wen oder was?" erfragen. Beispiel: *Der junge Mann trifft den alten Mann.*

Aktiv: Sätze stehen im Aktiv, wenn betont wird, wer etwas tut. Beispiel: *Viele Schüler nutzen heute das Internet.*

Artikel: Artikel sind Begleiter des Nomens. Es gibt bestimmte (Singular: *der, die, das*; Plural: *die*) und unbestimmte Artikel (Singular: *ein, eine, ein*). Beispiel: *Ein Mann kommt auf mich zu. Ich frage den Mann nach dem Weg.*

Attribut: Attribute enthalten zusätzliche Informationen. Sie beziehen sich immer auf ein Nomen. Man unterscheidet zwischen Adjektivattribut (*ein spannendes Buch*), Genitivattribut (*im Mittelpunkt des Romans*), Präpositionalattribut (*ein Buch mit viel Witz*), Relativsatz (*das Buch, das einen Preis bekommen hat*) und dem Zusatz (*Louis, ein 15-jähriger Junge, ist die Hauptfigur der Geschichte*).

Dialekt: Dialekte sind regionale Sprachunterschiede. Wörter, die vom Hochdeutschen abweichen, werden als Dialekt bezeichnet. Beispiel: *Semmel* (statt *Brötchen*), *schwätzen* (statt *reden*)

Genitiv: Der Genitiv ist im Deutschen der 2. Fall. Man kann ihn durch „Wessen?" erfragen. Beispiel: *Das Gesicht des alten Mannes hellte sich auf.*

Imperativ: Der Imperativ ist eine Befehls- oder Aufforderungsform. Beispiel: *„Gib mir das Buch!", „Mach das Fenster zu!"*

Indikativ: Der Indikativ ist der „Normalmodus", der die Wirklichkeit darstellt. Beispiel: *Sie macht ihre Hausaufgaben. Wenn er zurückkommt, kocht er Suppe.*

Infinitiv: Der Infinitiv ist die Grundform eines Verbs. Im Deutschen endet er auf -en. Beispiel: *laufen, erzählen, springen.*

Konjunktiv: Im Deutschen gibt es die Konjunktive I und II. Den Konjunktiv I verwendet man bei der indirekten Rede (*Der Schulleiter sagt, Handys seien verboten*). In Sätzen, in denen etwas Gewünschtes oder Vorgestelltes ausgedrückt wird, steht der Konjunktiv II (*Ich wäre lieber an einer anderen Schule*).

Metapher: Metaphern werden auch als Sprachbilder bezeichnet. Mit ihr werden Vorstellungen aus einem konkreten Bildbereich auf einen anderen Bereich übertragen. Beispiel: *Schmetterlinge im Bauch (statt Verliebtsein).*

Nominativ: Der Nominativ ist im Deutschen der 1. Fall. Man kann ihn durch „Wer oder was?" erfragen. Beispiel: *Der alte Mann trifft den Jungen.*

Objekt: Es gibt Akkusativ-Objekte (*Am Abend zeigte der alte Mann dem Jungen seine weißen Kaninchen*) und Dativ-Objekte (*Am Abend zeigte der alte Mann dem Jungen seine weißen Kaninchen*).

Passiv: Das Passiv steht im Gegensatz zum Aktiv, wenn unwichtig oder klar ist, wer eine Handlung durchführt. Der Vorgang soll betont werden. Beispiel: *Überall auf der Welt wird das Internet genutzt.*

Perfekt: Wenn du Vergangenes mündlich erzählst, benutzt du oft das Perfekt. Beispiel: *Es ist so, wie ich es mir vorgestellt habe.*

Prädikat: Ein Prädikat ist das Verb eines Satzes. Er beschreibt, was eine Person tut oder was geschieht. Beispiel: *Er liest ein Buch.*

Präfix: Das Präfix ist eine Vorsilbe, die vor ein Verb gesetzt wird und so meist seine Bedeutung verändert. Beispiel: *verkaufen, anlegen*

Präposition: Präpositionen machen z. B. Angaben über Ort und Richtung. Beispiel: *in, vor, auf*

Relativsatz: Relativsätze sind Nebensätze, die ein vorhergehendes Nomen näher bestimmen. Sie werden durch *der, die* oder *das* eingeleitet. Beispiel: *Die Autorin, die zu den bekanntesten Jugendbuchautoren Frankreichs zählt, hat viele Preise gewonnen.*

Subjekt: Das Subjekt ist das Satzglied, das mit der Frage „Wer oder was?" erfragt werden kann. Es ist die handelnde Person im Satz. Beispiel: *Die Frau gibt ihrer Tochter eine Tafel Schokolade.*

Suffix: Das Suffix ist eine Nachsilbe, die an ein Wort angehängt wird. Beispiel: *Ehrlichkeit, Verdeutlichung, Bosheit*

2 Lösungsvorschlag:
Adjektiv, Akkusativ, Aktiv, Artikel, Attribut, Dialekt, Genitiv, Imperativ, Indikativ, Infinitiv, Konjunktiv, Metapher, Nominativ, Objekt, Passiv, Perfekt, Prädikat, Präfix, Präposition, Relativsatz, Subjekt, Suffix

4 – mit ie am Wortende: *Batterie, Biologie, Fotografie*
– mit k statt ck: *Dialekt, praktisch, Kontakt; Artikel, Dialekt, Objekt, Perfekt, Prädikat, Subjekt*
– mit ph, rh, th: *Physik, Hypothese, Alphabet; Metapher*
– mit i statt ie im Wortinnern: *Kantine, Ventil; Aktiv Adjektiv, Akkusativ, Genitiv, Imperativ, Indikativ, Infinitiv, Konjunktiv, Nominativ, Passiv, Präfix, Präposition Relativsatz, Suffix*
– mit v statt f oder w: *Ventil, Verb, Vase*

8 Labyrinth, Globusse, Batterie, Analyse, Rhythmus, Mobbing, Dativ, Lobby, Krise, Razzia, Kommentar, Metapher, negativ, Akkusativ, Krokodil, Gardine, Programm, Trikot, Galerie, Synthese, Ballade, Gully, typisch, korrekt, Kantine, Karriere

Seite 68:

1 a) Dieses ständige Quatschen geht einem schnell auf die Nerven.
b) In der Zeitung steht heute nicht viel Neues.
c) Du trägst heute die Zehn während des Spiels.
d) Das Nein fällt ihm schwer.
e) Peinlich, ich habe ihn für eine Sie gehalten.
f) Sie hatte schon alles im Voraus erledigt.
g) Es gab ein großes Durcheinander.

2 a) das Ausschlaggebende, die gute Vorbereitung
b) das schnelle, sportliche Gehen
c) das Mein und Dein
d) ein dauerndes Hin und Her, ein großes Durcheinander
e) das Für und Wider
f) sein Spanisch
g) ein Neues
h) am Zustandekommen
i) die Vorbeigehenden, mit Wegsehen und Schweigen
j) im Guten
k) ein Sowohl-als-auch, kein Entweder-oder
l) mehrere Einser
m) im Wesentlichen
n) Süßes und Fettes
o) der Einzige
p) lautes Anfeuern
q) dein ständiges Aber
r) eine Sechs

3 (die) Diebe, mit (einem/dem) Wegsehen, (einem/dem) Schweigen, (etwas/viel) Süßes und (etwas/viel) Fettes

4 a) von einem Verb: die gute Vorbereitung, das schnelle, sportliche Gehen, am Zustandekommen, die Vorbeigehenden, mit Wegsehen und Schweigen, lautes Anfeuern
b) von einem Adjektiv/Partizip: das Ausschlaggebende, sein Spanisch, ein Neues, im Guten, im Wesentlichen, Süßes und Fettes
c) von einem Pronomen: das Mein und Dein
d) von einem Adverb: ein dauerndes Hin und Her, ein großes Durcheinander
e) von einer Präposition: das Für und Wider
f) von einer Konjunktion: ein Sowohl-als-auch, kein Entweder-oder, dein ständiges Aber
g) von einem Zahlwort: mehrere Einser, der Einzige, eine Sechs

Seite 69:

5 a) Oft ist p/Probieren besser als s/Studieren.
b) Die rote Mütze passt nicht zum Rot deiner Schuhe.
c) Sie hasst Gelb. Er kauft sich ein Paar gelbe Schuhe.
d) Das ist neu. Er will die Fahrprüfung von n/Neuem versuchen.
e) Hier ist es erlaubt, zu rauchen, dort ist das Rauchen verboten.
f) Das ist möglich. Er gab sein Geld für alles Mögliche aus.
g) Er gab auch etwas. Er hat ein gewisses Etwas.
h) Er ist dreizehn. Viele fürchten sich vor der Dreizehn.
i) Sie rief um zwölf an. Der Zeiger nähert sich der Zwölf.
j) Es sind zehn Spieler erschienen. Auf den elften warten sie noch.
k) Noch zögern viele. Ihr ständiges Zögern stört mich.
l) Wir lernen s/Schwimmen, andere s/Segeln.
m) Die leichten Aufgaben löse ich immer zuerst, die schweren ganz am Schluss.
n) Etwas Schweres zu bewältigen, kann ich mir im Moment nicht vorstellen. Er hat sie dadurch aufs s/Schwerste beleidigt.

o) Er ist der aufmerksamste und klügste meiner Zuhörer.
p) Es fällt ihm schwer, n/Nein zu sagen. Das Nein fällt ihm schwer.
q) Er trägt gern Blau. Seine Lieblingsfarbe ist Blau.

Seite 70:

6 a) Sie haben ihm die Schuld vergeben.
b) Du bist daran nicht schuld.
c) Alle wollen mir die Schuld in die Schuhe schieben.
d) Der starke Regen ist schuld an der schlechten Ernte.
e) Er hat Schuld, dass sie gegangen ist.
f) Du hast r/Recht. Das ist recht, was er getan hat.
g) Er vertritt seine Ansprüche nach Recht und Gesetz.
h) Sie kann es ihm niemals recht machen.
i) Du kommst mir gerade recht.
j) Viele haben Angst vor Hunden.
k) Mir wird angst und bange. Das macht er aus Angst.
l) Mir wird oft angst vor ihm.
m) Die Lage ist ernst. Er macht Ernst.
n) Er hat den Scherz für Ernst genommen.
o) Er meint es ernst. Die Lage wird sehr ernst.
p) Er löste die Aufgabe mit großem Ernst.
q) Aus dem Spiel wurde Ernst.
r) Es ist mir vollkommen ernst damit.
s) Wir sollten die Lage ernst nehmen.
t) Ich bin pleite.
u) Pass auf, dass du nicht bald Pleite machst.
v) Das ganze Vorhaben ist eine einzige Pleite.

Seite 71:

1 Wir sollten wichtige Aussagen schriftlich festhalten.
Wir mussten den Lenkdrachen ganz fest halten.

Jede Kleinigkeit muss er schönfärben.
Wir wollen die Tücher noch schön färben.

Unsere Arbeit werden wir schon gut machen.
Den Schaden müssen wir schnell gutmachen.

Die Übung ist ihm schwergefallen.
Sie ist auf der Treppe schwer gefallen.

2 a) Warum kann man nicht einfach alle Nomen ~~klein schreiben~~ / kleinschreiben?
b) Auf dem Plakat solltest du nicht zu klein schreiben / ~~kleinschreiben~~.
c) Seine Fußballleidenschaft muss er zurzeit ~~klein schreiben~~ / kleinschreiben.
d) Während des Praktikums konnten wir uns mit unterschiedlichen Berufswünschen ~~auseinander setzen~~ / auseinandersetzen.
e) Oft musste ich während der letzten zwei Wochen aber auch die Zähne ~~aufeinander beißen~~ / aufeinanderbeißen, um die Arbeit ~~durch stehen~~ / durchstehen zu können / ~~zukönnen~~.
f) Die Verkäuferin konnte ihr das Geld für das gekaufte Buch leider nicht ~~zurück geben~~ / zurückgeben, aber sie konnte es ihr ~~gutschreiben~~ / gutschreiben.
g) Für sein Alter kann er schon ganz gut schreiben / ~~gutschreiben~~.
h) Mit meiner Berufsentscheidung muss ich in den nächsten Wochen ~~voran kommen~~ / vorankommen.
i) Es wäre gut, wenn ich die alte Begeisterung für das Fach Mathematik ~~zurück gewinnen~~ / zurückgewinnen könnte.
j) Kannst du mir das Getränk noch eine Weile kalt stellen/ ~~kaltstellen~~.
k) Wenn wir das Spiel gewinnen wollen, musst du den gegnerischen Rechtsaußen unbedingt ~~kalt stellen~~ / kaltstellen.
l) Mit dem Füller wirst du dir nur die Finger blau machen / ~~blaumachen~~.
m) Am Tag unserer Prüfung werden wir nicht ~~blau machen~~ / blaumachen.
n) Die letzte Aufgabe sollte euch eigentlich ~~leicht fallen~~ / leichtfallen.
o) Über diesen Fahrradständer kann man leicht fallen / ~~leichtfallen~~.

Seite 72:

3, **4** eislaufen, kopfstehen, leidtun, nottun, standhalten, stattfinden, stattgeben, statthaben, teilhaben, teilnehmen, wundernehmen

5 Das Besondere an den Verben ist, dass sie nicht in allen Formen zusammengeschrieben werden. Die ersten Bestandteile haben in dieser Zusammensetzung die Eigenschaften von Nomen verloren und werden deshalb auch kleingeschrieben, wenn sie allein am Satzende stehen. Beispiel: *Er läuft gern eis.*

6 Lösungsvorschlag:
– kopfstehen: ich stehe kopf – ich stand kopf – ich habe kopfgestanden – ich werde kopfstehen
– leidtun: es tut mir leid – es tat mir leid – es hat mir leidgetan – es wird mir leidtun
– nottun: die Verordnung tut not – die Verordnung tat not – die Verordnung hat notgetan – die Verordnung wird nottun
– standhalten: ich halte stand – ich hielt stand – ich habe standgehalten – ich werde standhalten
– teilhaben: ich habe teil daran – ich hatte teil daran – ich habe daran teilgehabt – ich werde daran teilhaben
– teilnehmen: ich nehme teil – ich nahm teil – ich habe teilgenommen – ich werde teilnehmen

7 Wenn ein Wandertag stattfindet, möchten wir in die Eishalle fahren und eislaufen, denn in unserer Klasse läuft jeder gern eis. Es soll niemanden wundernehmen, wenn an diesem Tag ausnahmsweise mal niemand fehlt. Schließlich will jeder an einem solchen Erlebnis teilhaben. Weil die Eishalle oft überfüllt ist, tut es not, sich rechtzeitig anzumelden. Mir würde es jedenfalls leidtun, wenn es nicht mit dem Eislaufen klappen würde. Ich glaube, viele aus der Klasse werden vor Freude kopfstehen, wenn wir mit der gesamten Klasse eislaufen.

Seite 73:

8 a) sobald, b) so bald, c) Sobald, d) sobald, e) So bald, f) so oft, g) sooft, h) so oft, i) Sooft, j) so oft, k) Soweit, l) So weit, m) Soweit, n) so weit, o) So weit, p) Solange, q) so lange, r) Solange, s) so lange, t) so lange.

Seite 74/75:

1 1. Da gibt es gar nichts zu lachen.
2. Vergiss nicht, zum nächsten Mal die Berichtigung zu machen.
3. Es ist jedes Mal dasselbe.
4. Irgendwann wirst du hinterherlaufen.
5. Irgendjemand hat sowieso immer irgendetwas auszusetzen.
6. Wer jetzt nicht zuhört, der verpasst etwas Wichtiges.
7. Seit gestern hat er endlich aufgehört mit dem Rauchen.
8. Sie hat keine Schuld, dass er mal wieder pleite ist.
9. Mir wird angst, wenn ich daran denke, dass er r/Recht bekommen könnte.

2 a) Er wohnt An der alten Eiche und nicht Im Hohlweg.
b) Ihr solltet den Test nicht zu leichtnehmen.
c) Die Preise für Heizöl sind nach langer Zeit leicht gefallen.
d) Bei uns im Team wird der Teamgeist großgeschrieben.

3 Lösungsvorschlag:
a) schönfärben, schön färben:
– *schönfärben* = etwas günstig darstellen; *schön* wird betont.
– *schön färben*, z. B. *die Eier schön färben*

b) auseinandersetzen, auseinander setzen:
– *auseinandersetzen*, z. B. *sich mit einem Problem auseinandersetzen*; die Betonung liegt auf dem ersten Wortbaustein.
– *auseinander setzen*, z. B. *zwei Schüler werden auseinander gesetzt.*
c) sobald, so bald:
– *sobald* ist Konjunktion und leitet einen Nebensatz ein.
– *so bald* ist Adverb und kann im Satz an unterschiedlichen Stellen stehen.
d) Auto fahren, kopfstehen:
– *Auto fahren*: Nomen und Verben werden in der Regel getrennt geschrieben.
– *kopfstehen*: Das Verb gehört wie *standhalten, leidtun* usw. zu einer festen Gruppe von 11 trennbaren Zusammensetzungen. Der erste Bestandteil hat in dieser Zusammensetzung die Eigenschaft des Nomens verloren.

4 Strophe, kommunikativ, Bibliothek, Subjekt

Seite 76:

1 Lösungsvorschlag:
– Was sollst du noch weiter tun?
Inhalt zusammenfassen; erklären, was schwierig war; erläutern, wie die Ich-Erzählerin positive Erlebnisse darstellt; das am Text belegen; zu der Aussage Stellung nehmen.
– Wo wird deutlich, dass du dich auf den Text beziehen musst?
c) Erkläre anhand von Textstellen ...
d) Belege das am Text
2. ... beziehe dich dabei auf den Text.
– Welche Formulierung weist darauf hin, dass deine Einschätzung gefragt ist?
Nimm Stellung zu dieser Aussage ...
– Wo bekommst du Hinweise, was in die Einleitung gehört?
1. a)
– Wo wird deutlich, dass es nicht ausreicht, dass du die einzelnen Teilaufgaben wie in einem Text nacheinander abarbeitest?
Schreibe einen zusammenhängenden Text.

Seite 77/78:

3 – Alle Teilaufgaben sind bearbeitet. Trifft zu:
1.a) Z. 1–3, b) Z. 3–11, c) Z. 12–19, d) Z. 19–30, 2. Z. 31–42)
– Der Text ist fehlerfrei. Trifft nicht zu: Fehler in Groß- und Kleinschreibung.
– Der Schreiber bezieht sich bei seinen Aussagen auf den Text. Trifft zu: Z. 14–19.
Alle Zitate sind gekennzeichnet. Trifft nicht zu: Wörtliches Zitat Z. 18/19 ist nicht gekennzeichnet.
– Es ist ein zusammenhängender Text. Trifft zu, z. B. Z. 12: Überleitung mit „Aber...“ ; Z. 19–22: Überleitung.
– Die Zitate sind gut in den Text eingearbeitet. Trifft zu: Z. 14–19, Z. 22–26, Z. 29/30, Z. 36–38.
– Die Sätze sind durch einleitende oder überleitende Formulierungen gut verbunden. Trifft zu:
Z. 7: *Danach ...*
Z. 8: *Darüber ...*
Z. 11: *Schließlich ...*
Z. 12: *Aber ...*
Z. 13: *Besonders ...*
Z. 14: *Zum Beispiel ...*
Z. 15: *Aber ...*
Z. 16: *Das wird deutlich ...*
Z. 21: *Und dabei ...*
Z. 22: *Besonders wichtig ...*
Z. 29: *Denn ...*
Z. 33: *Denn ...*
Z. 35: *... nämlich ...*
Z. 38: *Und ...*

4 Mögliche Absätze in Z. 3, Z. 11, Z. 19, Z. 30.

5 Alle Ergänzungen sind grundsätzlich möglich; ziemlich präzise ist b).

6 Angemessenere Ausdrücke:
– statt „blöd“: *nachteilig, erschwerend*
– statt „total cool“: *ziemlich lustig*
– statt „liegt einer voll daneben“: *irrt sich jemand*

7 Markieren: Z. 18/19.

8 ein Missverständnis, beim Einkaufen, beleidigt, der Bescheid, auf jeden Fall

Seite 79:

Aufgabenbeispiel 1:
Der Text „Zwei Jahre Deutschland“ ist ein autobiografischer Text.

Aufgabenbeispiel 2:
Im Text geht es ...
a) um Erfahrungen einer türkischen Gastarbeiterfamilie in Deutschland oder
c) darum, dass es für die türkischen Gastarbeiter in Deutschland anfangs ziemlich schwierig war.

Aufgabenbeispiel 3:
1. trifft zu; 2., 3. und 4. treffen nicht zu.

Seite 80:

Aufgabenbeispiel 4:
Setze ein: *Weil bei den meisten Türken im Reisepass als Geburtsdatum der 1. Januar eingetragen war, lachten die Beamten am Zoll.*

Aufgabenbeispiel 5:
Die türkischen Gastarbeiter wollten nur so lange in Deutschland bleiben, bis sie sich ein eigenes Haus leisten konnten.

Aufgabenbeispiel 6:
Man kann der Aussage zustimmen oder ihr nicht zustimmen – entscheidend ist die Begründung.
Mögliche Begründung für ...
– Ja, ich stimme der Aussage zu (sinngemäß): E*s wird zwar eine lustige Begebenheit dargestellt, aber das war damals für die Eltern gar nicht lustig* (vgl. Schülerband S. 20, Z 36, Z. 56/57).
– Nein, ich stimme der Aussage nicht zu (sinngemäß): *Die Autorin schreibt hier aus der Sicht der Kinder, die diese erste Zeit nicht bewusst miterlebt haben. Die Geschichten darüber finden die Kinder interessant und lustig* (vgl. Schülerband S. 20, Z 40/41, Z. 55).